이 세대가 가기 전에

마지막 시대 예레미야의 외침 시리즈 ①

이 세대가 가기 전에

초판 1쇄 찍은 날 · 2013년 11월 20일 | 펴낸 날 · 2013년 11월 25일
지은이 · 방월석 | 펴낸이 · 김승태
등록번호 · 제2-1349호(1992. 3. 31) | 펴낸 곳 · 예영커뮤니케이션
주소 · (136-825) 서울시 성북구 성북1동 179-56 | 홈페이지 www.jeyoung.com
출판사업부 · T. (02)766-8931 F. (02)766-8934 e-mail: jeyoungedit@chol.com
출판유통사업부 · T. (02)766-7912 F. (02)766-8934 e-mail: jeyoung@chol.com

Copyright © 2013, 방월석
ISBN 978-89-8350-873-7 (04230)
　　　978-89-8350-872-0 (세트)

값 10,000원

이 도서의 국립중앙도서관 출판시도서목록(CIP)은 서지정보유통지원시스템 홈페이지(http://seoji.nl.go.kr)와 국가자료공동목록시스템(http://www.nl.go.kr/kolisnet)에서 이용하실 수 있습니다.
(CIP 제어번호: CIP2013023452)

이 세대가 가기 전에

방월석 지음

예영커뮤니케이션

지금은, 깊이 자다가도 깨어야 할 때

목회자로서 말씀을 강해하기 위해 성경의 예언서들을 연구하던 중에 오늘 우리가 사는 이 세대가 성경이 예언하는 '종말의 세대'임을 확신하게 되었습니다.

종말에 대한 글을 올려놓은 인터넷 사이트는 생각보다 많이 있습니다. 필자도 이런 사이트들을 통해 도움을 얻고 있습니다. 하지만 종말에 대하여 이야기를 하는 사람들 중에 간혹 개인적인 체험 꿈. 환상. 계시을 종말의 증거로 소개하는 경우가 있어서 사실 적지 않게 우려가 됩니다. 목회자로서 다른 내용도 마찬가지이지만, 무엇보다 '종말'에 대한 주제를 다룰 때에는 철저하게 성경에서 시작해서 성경으로 끝내야 한다는 확신이 저에게 있기 때문입니다.

종말론은 교회 안에서 다루기 힘든 '뜨거운 감자'입니다. 독을 품은 복어처럼, 노련한 요리사가 아니면 다루기 힘든 신학적 주제가 바로 종말론입니다. 종말론은 말씀에 대하여 깊이 있는 성찰과 신학적 지식 없이 함부로 다루면 안 됩니다. 본인의 의도와는 상관없이 자칫 잘못하면 많은 사람을 미혹의 길로 이끌 수 있고, 구원을 잃게 만들 수 있는 아주 예민한 주제이기 때문입니다. 그러기에 종말에 대하여 이야기할 때에는, 철저하게 말씀에 근거해야 하고 반드시 말씀으로 검증받아야 합니다.

『이 세대가 가기 전에』는 마지막 시대를 알리는 '이 세대가 가기 전에 시리즈' 중 저자의 첫 책으로 마지막 시대를 알리는 한 목회자의 외침입니다. 이 책을 통해 필자는, 종말을 연구하는 많은 신학자가 왜 우리가 사는 이 세대를 '종말의 세대'로 규정하고 있는지 성경을 통해 그 근거를 밝히려고 합니다. 또한 동시에 예언된 하나님의 말씀들이 하나씩 성취되어 가는 '이 시대의 징조들'을 살펴보려고 합니다. 이 책은 마지막 때에 이 세대가 알아야 할 '성경의 예언과 시대의 징조들'에 대한 개관서가 될 것입니다.

인터넷 문서 사역을 진행하는 과정에서 최근에 반가운 소식과 함께 즐거운 경험을 하고 있습니다. 주님께서 주의 길을 예비하기 위한 이 사역에 저와 동역할 일꾼을 보내 주셨기 때문입니다.

블로그를 통하여 임박한 종말과 적그리스도의 세력을 알리는 저자의 본 사역에, 온라인과 오프라인에서 뜻을 같이해 오신 몇몇 분의 도움으로 제가 운영하는 블로그인 〈이 세대가 가기 전에〉와 같은 내용을 담은 '영어'와 '일본어' 번역판 블로그를 또한, 각각 개설하게 되었다는 사실입니다. 이 두 사이트는 한글에 익숙하지 않은 교포들과 영어나 일어 사용이 가능한 외국인들에게 성경의 예언과 이 시대의 징조를 깨닫게 하는 데 크게 도움이 될 것으로 기대합니다.

새롭게 개설한 외국어^{영어, 일본어}판 블로그는 이웃 블로그 난에 올렸고, 한글로 된 저의 포스트 위에도 매번 번역된 글을 함께 링크해 두었습니다.

온라인^{네이버 블로그 〈이 세대가 가기 전에〉}과 오프라인^{마지막 시대 예레미야의 외침 시리즈}을 통해서 잠들어 있는 이 세대와 한국 교회를 깨우는 사역이 되기를 간절히 소망합니다. 시대의 다급함을 알리는 이 문서 사역이 더욱 확장되도록 이 글을 읽는 독자와 성도 여러분의 관심과 기도를 부탁드립니다.

> ²예수께서 대답하여 이르시되 너희가 저녁에 하늘이 붉으면 날이 좋겠다 하고 ³아침에 하늘이 붉고 흐리면 오늘은 날이 궂겠다 하나니 너희가 날씨는 분별할 줄 알면서 시대의 표적은 분별할 수 없느냐.
> 마 16:2-3

인천에서, 마지막 시대의 예레미야

방월석

차례

1부

•

왜 이 세대인가?

지금 우리는 세계적으로 총체적인 위기 상황에 놓여 있습니다. 각종 재난과 재해 등과 같은 자연의 징조들, 도무지 손을 쓸 수 없는 경제 침체, 엄청난 속도로 다가오는 방대한 지식과 정보 및 과학기술의 발달, 기근, 난리와 전쟁의 소문, 이스라엘을 둘러싼 중동의 전쟁 위기, 눈앞에 다가온 적그리스도의 출현, 거짓 선지자와 삯군 목자가 많이 일어나는 미혹과 배도의 시대, 곧 세워질 제3성전, 어디를 보아도 사랑이 없고 악이 가득한 세상과 세상 문화…. '이 세대가 가기 전에' 주님께서 하신 모든 말씀이 반드시 이루어질 것입니다. 그러므로 깨어 있어야 합니다. 노아의 때, 롯의 때처럼 그날은 어느 한순간에 도적같이 올 것이기 때문입니다.

1장
/
왜 지금이 성경에서 말하는 '이 세대'인가?

'감람산 강화'로 알려진 마태복음 24장에는 하나님의 심판과 종말의 사건들을 경험하게 될 '특별한 세대'에 대한 말씀들이 등장합니다. 감람산 강화는 성전을 중심으로 펼쳐질 예루살렘^{이스라엘}의 운명을 묻는 제자들의 질문^{1-3절}에 예수님이 하신 답변입니다. 감람산 강화를 통해 예수님은 7년 대환난의 기간에 이스라엘과 온 세상이 경험하게 될 환난과 심판에 대해^{4-31절}, 또 이런 본격적인 심판이 이르기 전에 교회가 경험하게 될 휴거 사건에 대해^{36-44절} 말씀하고 있습니다. 예수님은 이 두 가지 사건 중간에 '무화과나무의 비유'³²⁻³⁵^절를 등장시켜 앞에서 필자가 언급한, 종말의 사건들을 경험하게 될 특별한 세대에 대해 설명하십니다.

이스라엘을 상징하는 무화과나무

³²무화과나무의 비유를 배우라 그 가지가 연하여지고 잎사귀를 내면 여름이 가까운 줄을 아나니 ³³이와 같이 너희도 이 모든 일을 보거든 인자가 가까이 곧 문 앞에 이른 줄 알라 ³⁴내가 진실로 너희에게 말하노니 이 세대가 지나가기 전에 이 일이 다 일어나리라 ³⁵천지는 없어질지언정 내 말은 없어지지 아니하리라. 마 24:32-35

예수님은 "이 세대가 지나가기 전에 이 일이 다 일어나리라."고 하셨습니다. 여기서 '이 세대'란 앞으로 일어날 종말의 사건들교회의 휴거 사건, 7년 대환난, 예수님의 지상 재림을 직접 경험하고 지켜보게 될 '종말의 세대'를 의미합니다. 그렇다면 '무화과나무의 비유'에서 설명하는 이 세대, 즉 종말의 세대는 구체적으로 어느 세대이겠습니까? 결론

부터 말하면, 이 세대는 '이스라엘의 회복을 지켜보는 세대'입니다.

요한계시록에 묘사된 '7년 대환난'은 다니엘 9장 27절에서 예언하는, 이스라엘 백성에게 허락된 마지막 '한 이레'의 사건이 실현되는 기간이라고 알려져 있습니다. 그런데 7년 대환난의 기간에 이스라엘에 주신 한 이레의 예언

이 세대란 앞으로 일어날 종말의 사건들을 직접 경험하고 지켜보게 될 종말의 세대를 의미합니다. 무화과나무는 이스라엘을 상징하는 나무로 알려져 있습니다. 그렇다면 무화과나무의 비유에서 설명하는 이 세대, 즉 종말의 세대는 구체적으로 어느 세대이겠습니까? 그것은 이스라엘의 회복을 지켜보는 세대입니다. 이스라엘 회복이 종말에 대한 성경의 예언들이 성취되기 위해 필요조건입니다.

이 성취되려면 그 전에 먼저 예언 성취의 대상인 이스라엘이 역사 속에 다시 등장해야만 합니다. '이스라엘의 회복'이 종말에 대한 성경의 예언들이 성취되기 위한 필요조건전제조건이라는 의미입니다.

무화과나무는 감람나무와 포도나무와 함께 이스라엘을 상징하는 나무로 알려져 있습니다. 그러기에 "무화과나무의 가지가 연하여지고 잎사귀를 낸다."는 말씀은 이스라엘의 회복을 의미하는 말씀으로 해석해야 합니다. A.D. 70년, 로마에 패망한 이스라엘은 1900년 가까운 세월 동안 나라를 잃고 온 세계로 흩어져 핍박을 받으며 살아야 했습니다. 그러다가 2차 대전이 끝난 직후인 1948년 5월 14일에 고토로 돌아가 나라를 재건하는 기적적인 일을 경험하게 됩니다. 그야말로 죽은 것처럼 보였던 무화과나무에 잎이 돋고 가지가 연해지는 회복의 역사가 시작된 것입니다.

본문에서 말씀하는 이 세대란, 바로 이스라엘의 회복을 지켜본

세대입니다. 그리고 "이 세대가 지나가기 전에 이 일이 다 일어나리라."[34절]는 말씀은 이스라엘이 역사 속에 다시금 등장하는 것을 바라본 바로 그 세대가 다 사라지기 전에, 마태복음 24장에서 예언하는 종말의 사건들이 다 이루어진다는 뜻입니다.

그렇다면 언제가 이 세대의 시작일까요? 1948년 5월 14일은 이스라엘이 회복되기 시작한 해입니다. 따라서 최소한 이스라엘의 회복이 시작된 것을 지켜보며 성장한 세대가 바로 '이 세대'this generation의 출발점입니다.

성경에서 말하는 '세대'는 몇 년을 의미할까요? 이에 대해 어떤 이들은 이스라엘에서 남자아이가 태어나서 어른으로 인정받는 30세를 한 세대의 기준이라고 주장합니다. 혹자는 이스라엘 백성들이 경험했던 광야 생활 40년을 한 세대의 기준으로 주장하는 이도 있습니다. 무엇에 근거한 것인지는 모르겠지만 한 세대를 100년으로 계산하는 이들도 있습니다. 하지만 본문에서 말씀하고 있는 세대는 30년, 40년처럼 정해진 시간이라기보다는 한 사람이 태어나서 죽음을 맞이하는 일반적인 시간으로 해석하는 것이 맞다고 봅니다. 시편 90편 10절에서 시편 기자는 "우리의 연수가 칠십이요 강건하면 팔십"이라고 기술합니다. 이처럼 한 세대란 70년이 될 수도 80년이 될 수도 있는 유연한 시간입니다.

결국, 오늘 본문에 소개된 "이 세대가 지나가기 전에 이 일이 다 일어나리라."는 말씀은, 1948년에 이스라엘의 회복을 지켜본 세대[1]가 다 사라지기 전에 성경에 예언된 종말의 사건들이 일어날 것이라는 뜻입니다. 즉 우리가 사는 이 시대가 예수님이 지적하신 이 세대^{이스라엘의} ^{회복을 지켜본 종말의 세대}요, 이 세대가 다 지나갈 시간도 그리 많이 남아 있지 않음을 의미합니다.

한 세대란 70년이 될 수도 80년이 될 수도 있는 유연한 시간입니다. 따라서 "이 세대가 지나가기 전에 이 일이 다 일어나리라."는, 1948년에 이스라엘의 회복을 지켜본 세대로서 아마도 지금 교회에서 70대 정도 되신 장로님이나 권사님들의 세대가 모두 돌아가시기 전에 성경에 예언된 종말의 사건들이 다 성취될 것이라는 말씀입니다.

²회개하라 천국이 가까이 왔느니라 하였으니. ^{마 3:2 후}

1. 고토로 돌아와 나라를 재건할 이스라엘

⁷여호와께서 이와 같이 말씀하시니라 너희는 여러 민족의 앞에 서서 야곱을 위하여 기뻐 외치라 너희는 전파하며 찬양하며 말하라 여호와여 주의 백성 이스라엘의 남은 자를 구원하소서 하라 ⁸보라 나는 그들을 북쪽 땅에서 인도하며 땅 끝에서부터 모으리라 그들 중에는

---

1 짐작해 보면, 최소한 1948년 이후 출생한 세대로서 1948년생이라고 해도 현재 대략 65세이므로 이스라엘의 회복을 인식하며 지켜볼 정도라면 적어도 75세 전후 정도는 되어야 한다고 봅니다. 이렇게 가정하면 "이 세대가 지나가기 전에"라는 어구에서 이 세대에 해당하는 분들은 아마도 지금 교회에서 70대 정도 되신 장로님이나 권사님들의 세대일 것입니다.

맹인과 다리 저는 사람과 잉태한 여인과 해산하는 여인이 함께 있으며 큰 무리를 이루어 이 곳으로 돌아오리라 ^{9}그들이 울며 돌아오리니 나의 인도함을 받고 간구할 때에 내가 그들을 넘어지지 아니하고 물 있는 계곡의 곧은 길로 가게 하리라 나는 이스라엘의 아버지요 에브라임은 나의 장자니라 ^{10}이방들이여 너희는 여호와의 말씀을 듣고 먼 섬에 전파하여 이르기를 이스라엘을 흩으신 자가 그를 모으시고 목자가 그 양 떼에게 행함 같이 그를 지키시리로다.렘 31:7-10

^{21}그들에게 이르기를 주 여호와께서 이같이 말씀하시기를 내가 이스라엘 자손을 잡혀 간 여러 나라에서 인도하며 그 사방에서 모아서 그 고국 땅으로 돌아가게 하고 ^{22}그 땅 이스라엘 모든 산에서 그들이 한 나라를 이루어서 한 임금이 모두 다스리게 하리니 그들이 다시는 두 민족이 되지 아니하며 두 나라로 나누이지 아니할지라.겔 37:21-22

^{8}여러 날 후 곧 말년에 네가 명령을 받고 그 땅 곧 오래 황폐하였던 이스라엘 산에 이르니 그 땅 백성은 칼을 벗어나서 여러 나라에서 모여 들어오며 이방에서 나와 다 평안히 거주하는 중이라.겔 38:8

다니엘서 9장 27절과, 마태복음 24장 15, 16절에 예언된 한 이레의 사건이 실현되기 위해서는 종말의 때에 반드시 이스라엘이라는 나라가 존재해야 합니다. 예언의 배경이 예루살렘과 이스라엘이기 때문입니다. 하지만 A.D. 70년에 이스라엘이 로마에 의해 멸망

1948년 5월 14일 유대인들이 가나안 땅으로 돌아가 나라를 재건함으로 저들이 "고국 땅으로 돌아가 나라를 세우게 될 것"(겔 37:21-22)이라는 성경의 예언이 문자적으로 성취되었다.

당한 뒤에 이스라엘은 역사 속에서 사라지고 말았습니다. 한 이레 7년 대환난에 대한 예언 성취가 보류되고 이스라엘을 대신해서 돌감람나무 가지인 교회가 선교적 사명을 감당하게 된 것입니다. 롬 11장

이스라엘 재건에 대한 성경의 약속은 1948년 5월 14일, 2차 대전이 끝난 후에 이스라엘 백성이 가나안 땅으로 돌아가 나라를 세우면서부터 성취되기 시작했습니다. 하지만 이스라엘은 국가를 재건하는 데는 성공했지만, 아직 영적으로는 하나님 앞에 온전히 서지 못하고 있습니다.

앞으로 다가올 한 이레의 기간에 이스라엘 민족이 회개하고 십

자가에 못 박은 예수 그리스도를 메시아로 인정하고 영접한다면, 비로소 이스라엘은 완성되고 온전하게 회복될 것입니다.

2. 열방을 혼취케 하는 잔, 무겁게 하는 돌이 될 이스라엘

[2]보라 내가 예루살렘으로 그 사면 모든 민족에게 취하게 하는 잔이 되게 할 것이라 예루살렘이 에워싸일 때에 유다에까지 이르리라 [3]그 날에는 내가 예루살렘을 모든 민족에게 무거운 돌이 되게 하리니 그것을 드는 모든 자는 크게 상할 것이라 천하 만국이 그것을 치려고 모이리라. 슥 12:2-3

1948년, 가나안 땅에 이스라엘이 나라를 재건하면서부터 이곳은 끊임없이 분쟁의 현장이 되어 왔습니다. 이스라엘이 나라를 재건한 그 해부터 시작된 네 차례의 중동전쟁은 이스라엘의 일방적인 승리로 돌아갔습니다. 하지만 전쟁의 불씨는 지금까지 남아 언제 또다시 전쟁이 일어날지 모르는 불안한 상태를 유지하고 있습니다.

성경은 장차 이스라엘이 이스라엘을 진멸하기 위해 모인 대적들과 세 차례에 걸친, 생존을 건 전쟁을 치르게 될 것이라고 예언합니다. 이는 5차·6차·7차 중동전쟁이 될 것으로 보입니다. 우리가 익히 들어본 '시편 83편의 전쟁'과 에스겔 38-39장에 기록된 '곡과 마곡의 전쟁', 그리고 요한계시록에 등장하는 '아마겟돈 전쟁'이 이스라엘이 치러야 할, 성경에 남은 세 차례의 전쟁입니다.

　7년 대환난의 마지막 순간에 벌어지는 아마겟돈 전쟁과는 달리, 종말론을 연구하는 많은 성서학자가 7년 대환난 직전에 시편 83편의 전쟁과 곡과 마곡의 전쟁이 일어날 것으로 예측합니다. 이 세 차례의 중동전쟁은 모두 이스라엘을 멸절시키기 위한 전쟁이라는 공통점이 있는데, 시편 83편-곡과 마곡-아마겟돈 전쟁의 순서로 진행될 것입니다.

3. 예루살렘에 무너진 성전을 다시 세울 이스라엘

　예수님과 다니엘, 바울과 사도 요한이 본 종말의 모습 속에는 공통으로 종말의 때에 다시 세워질 성전이 등장합니다. 마태복음 24장 15-16절에서 예수님은 "멸망의 가증한 것이 거룩한 곳에 선 것을 보거든 그 때에 유대에 있는 자들은 산으로 도망할지어다."라고 경고하고 있습니다. 예수님의 이 말씀은 다니엘 9장 27절[2]을 인용한 것입니다.

　데살로니가후서 2장 4절에서는 "그는 대적하는 자라 신이라고

2　그가 장차 많은 사람들과 더불어 한 이레 동안의 언약을 굳게 맺고 그가 그 이레의 절반에 제사와 예물을 금지할 것이며 또 포악하여 가증한 것이 날개를 의지하여 설 것이며 또 이미 정한 종말까지 진노가 황폐하게 하는 자에게 쏟아지리라 하였느니라 하니라"(단 9:27)

불리는 모든 것과 숭배함을 받는 것에 대항하여 그 위에 자기를 높이고 하나님의 성전에 앉아 자기를 하나님이라고 내세우느니라." 고 했습니다. 요한계시록 11장에서는 7년 대환난 때 이스라엘 민족에게 보내심을 받은 두 중인이 3년 반 동안 성전에서 사역할 것임을 증거합니다. 성경은 적어도 7년 대환난 때에는 예루살렘에 하나님의 성전이 세워져 있어야 한다고 말합니다.

솔로몬의 성전이 있던 자리에는 현재 이슬람 제2의 성지라고 알려진 '황금돔 사원'이 세워져 있습니다. 성전을 재건하려면 황금돔 사원을 무너뜨려야 하는데, 이는 이슬람 세력 전체와의 전면전을 선포하는 것과 같아서 아직 실행하지 못하고 있습니다.

시편 83편과 에스겔의 전쟁과 관련된 나라들

시편 83편	에스겔 전쟁
요르단(에돔, 모압, 암몬)	러시아(마곡)
레바논(그발, 두로)	이란(바사)
사우디아라비아(이스마엘)	이라크(바사)
이집트(하갈, 아말렉)	아프가니스탄(바사)
팔레스타인(블레셋)	에디오피아(구스)
	수단(구스)
	리비야(붓)
	튀니지(붓)
	알제리(붓)
	모로코(붓)
	독일 혹은 터키(고멜)
	터키(도갈마)
	아르메니아(도갈마)

하지만 에스겔 38장과 39장의 예언처럼, 곡과 마곡의 전쟁이 일어나 이슬람 세력이 궤멸하는 일이 발생하면 이스라엘은 황금돔 사원을 즉시 무너뜨리고 성전을 세우게 될 것입니다. 실제로 이스라엘에서는 오래전부터 성전 재건을 위한 준비 작업을 해 왔고, 지금은 이것이 거의 완성된 상태라고 합니다.

다니엘서 9장 27절과, 마태복음 24장 15-16절에 예언된 '한 이레'의 사건이 실현되기 위해서는 예언의 배경이 되는 이스라엘(나라)과 예루살렘이 종말의 때에 반드시 존재해야 합니다. 앞으로 다가올 한 이레의 기간에 이스라엘 민족이 회개하고 십자가에 못 박은 예수 그리스도를 메시아로 인정하고 영접한다면 이스라엘은 회복될 것입니다. 성경은 장차 이스라엘이 이스라엘을 진멸하기 위해 모인 대적들과 세 차례에 걸친 생존을 건 전쟁을 치르게 될 것이라고 예언합니다. 종말론을 연구하는 많은 성서학자가 7년 대환난 직전에 '시편 83편의 전쟁'과 '곡과 마곡의 전쟁'이 일어날 것으로 예측합니다. 적어도 7년 대환난 때에는 예루살렘에 하나님의 성전이 세워져야 합니다. '곡과 마곡의 전쟁'으로 이슬람 세력이 궤멸하면 이스라엘은 황금돔 사원을 즉시 무너뜨리고 성전을 세우게 될 것입니다.

2장
/
넓은 길로 인도하는 달콤한 '신앙'

1. 미혹하는 시대

[4]예수께서 대답하여 이르시되 너희가 사람의 미혹을 받지 않도록 주의하라 [5]많은 사람이 내 이름으로 와서 이르되 나는 그리스도라 하여 많은 사람을 미혹하리라. 마 24:4-5

[11]거짓 선지자가 많이 일어나 많은 사람을 미혹하겠으며. 마 24:11

1) 많은 거짓 그리스도와 거짓 선지자들이 일어날 것입니다

① 많은 거짓 그리스도와 거짓 선지자의 등장은 결국, 성경에서
예언하는 적그리스도와 거짓 선지자의 등장으로 이어지게 될
것입니다.

한국교회 목회자들이 그토록 열광적으로 본받기 원하는 릭 워
렌과 조엘 오스틴은 미국의 보수적인 교회 안에서는 이미 거짓 선
지자로 낙인찍힌 인물입니다. '프리메이슨'이요 'CFR' 회원인 릭 워
렌은 "기독교 근본주의자들^{예수의 동정녀 탄생, 대속의 죽음, 부활, 승천, 성경의 무오성}
^{을 믿는 이들}을 21세기의 적"³이라고 말해서 물의를 일으킨 적이 있습니
다. 또한, 조엘 오스틴은 몰몬교와 같은 이단들을 자신과 같은 그리
스도인이라고 발언해서 물의를 일으킨 바 있습니다.

이 둘은 모두가 "예수 외에는 구원이 없다."^{행 4:12}는 성경의 선언
을 정면으로 부정하는 거짓 선지자요, 양떼들을 미혹하여 배도의
길로 이끌고 있는 적그리스도의 하수인입니다. 한국 교회와 목회자
들이 말씀으로 분별하지 못하고 저들이 세속적인 성공을 거두었다
는 이유만으로 오히려 이런 거짓 선지자들을 본받으려고 혈안이 된

---

3 새들백 교회의 창립자인 릭 워렌 목사는 2005년 5월 23일 플로리다 키웨스트에
서 열린 '퓨 종교포럼'(The Pew Forum of Religion)에서 "기독교를 포함한 모든 근
본주의는 21세기의 큰 적들 가운데 하나(one of the big enemies)"라고 해서 물의
를 일으킨 적이 있습니다. CFR(미국외교협회) 회원으로서 종교통합에 앞장서고
있는 릭 워렌은 2009년 오바마의 첫 취임식 때 기도를 맡기도 했습니다.

현실을 보면 몹시 개탄스럽습니다.

② 미혹하는 자의 역할은 심판의 도구입니다.

[11]이러므로 하나님이 미혹의 역사를 그들에게 보내사 거짓 것을 믿게 하심은 [12]진리를 믿지 않고 불의를 좋아하는 모든 자들로 하여금 심판을 받게 하려 하심이라. 살후 2:11-12

마태복음 24장 4절과 5절에 보면 "많은 사람이 내 이름으로 와서 이르되 나는 그리스도라 하여 많은 사람을 미혹하리라."고 했습니다. 종말의 때는 곧 심판의 때로서, 성경적 의미에서 심판은 '나누는 것'입니다. 무엇을 나누는 것이겠습니까? 하나님은 심판을 통해 구원받을 자와 형벌받을 자, 하나님께 속한 자와 세상에 속한 자, 영생을 얻을 자와 영벌에 처할 자,

신앙적으로는 거짓 그리스도와 거짓 선지자들이 미혹과 배도를 일으킬 것입니다. 또한 말씀에 바로 선 신실한 크리스천들을 핍박할 것입니다. 하나님은 이 기간 동안에 하나님의 집에서 먼저 시작하시는 심판을 통해 믿는 자 가운데서 알곡과 가라지, 양과 염소를 나누겠다고 하셨습니다. 종말의 때에 교회 안에 미혹하는 자들을 허락하신 이유는 진짜와 가짜를 가려내기 위해서입니다. 그러는 사이에 성도는 사회적 차별과 불이익, 엄청난 박해와 핍박에 시달리며 자신의 믿음을 시험받게 될 것입니다.

양과 염소, 알곡과 가라지를 나누실 것입니다. 그런데 이러한 하나님의 심판은 세상이 아니라, "하나님의 집에서 먼저 시작된다."고

하셨습니다.[4] 세상은 이미 형벌받기로 작정되어 있는 대상이기에 굳이 심판을 서두를 이유가 없기 때문입니다.

감람산 강화인 마태복음 24장에 이어지는 25장 말씀에는 하나님의 심판과 관계된 세 가지 비유가 소개됩니다. '열 처녀의 비유'와 '달란트의 비유', 그리고 '양과 염소의 비유'입니다. 흥미로운 사실은 이 비유 모두가 하나님의 집에서 시작되는 심판을 보여 주고 있다는 것입니다.

열 처녀가 있었습니다. 그들은 신부를 부르러 다시 올 신랑을 맞이하기 위해 모두 등불을 들고 있었습니다. 그러다가 열 명 모두 졸며 잠이 들었습니다. 하지만 그들 사이에는 작은 듯 보이지만 커다란 차이가 있었습니다. 그것은 '신랑을 맞는 신부로서, 기름_{회개, 눈물의 기도, 순종}을 준비했는가?_{신부단장을 했는가?}'였습니다. 신랑이 데리러 왔을 때, 미리 기름을 예비한 슬기로운 다섯 처녀는 기쁜 마음으로 신랑과 함께 처소를 향해 떠날 수 있었습니다. 그러나 어리석은 다섯 처녀는 기름을 준비하지 못해 신랑을 보고도 버려둠을 당하게 됩니다. 주님은 오래 참으시는 분입니다. 하지만 노아의 방주 때처럼 일단 구원의 문을 닫으시면 우리가 할 수 있는 것은 바깥 어두운 곳에서 슬피 울며 이를 가는 일뿐입니다.

한편, 성경에는 똑같이 종의 직분을 맡았지만, 착하고 충성된 종과 악하고 게으른 종이 있었습니다. 또한, 겉으로는 비슷해 보여도

---

4 벧전 4:17

무리 가운데 양과 염소가 섞여 있었습니다. 우리가 더욱 깨어 있어야 하는 이유는 종말의 때에 주님이 교회 안에 미혹하는 자들이 역사하도록 허락하시기 때문입니다. 이들을 천국 백성과 지옥 백성으로 분별하시고 심판하시기 위해서입니다.

2. 핍박하는 시대

1) 성도들에 대한 증오와 핍박이 있을 것이라고 했습니다(마 24:9)

"21세기는 종교 다원주의자들에 의해 움직여질 것이며, 이것만이 세계평화와 인류공존에 유일한 길입니다. 이에 반대하는 기독교 근본주의자들은, 이슬람 근본주의자들과 함께 '21세기의 적'입니다."

_릭 워렌

① 중동의 민주화로 이슬람 정권이 들어서면서 기독교인에 대한 핍박이 본격화되고 있습니다.

2012년 12월 23일 자 영국의 텔레그래프Telegraph 인터넷판 기사[5]에서는 성서 역사의 본향인 중동 지역에서 벌어지는 기독교에 대

---

5 http://www.telegraph.co.uk/news/religion/9762745/Christianity-close-to-extinc-

한 박해를 아래와 같이 소개하고 있습니다.

연구결과에 따르면, 기독교는 전 세계에 걸쳐 다른 어떠한 종교 집단보다도 훨씬 심하게 박해를 받고 있는 것으로 나타났다. 그리고 이 보고서는 아프리카, 아시아, 중동에서 기독교에 대한 폭력이 늘어나는 현실에 대하여 정치가들이 눈을 감아 주고 있다고 주장했다.

외국에 있는 기독교인들에게 무엇보다 위협적인 존재는 이슬람 군사조직이다. 이러한 모슬렘(Moslem) 국가에서 행해지는 박해는 종종 '인종차별'(racism)이라는 비판을 피하려고 무시되는 경우가 많은 것이 현실이라고 주장하고 있다.

사우디아라비아, 모리타니아 그리고 이란에서는 기독교로 개종한 사람들이 살해 위협을 받고 있으며, 다른 중동지역에서는 법적으로 불이익을 겪고 있다고 경고하고 있다.

연구 기관인 Civitas에서 발표한 보고서를 보면, 전 세계적으로 종교에 기반을 둔 집단 대부분이 어느 정도 사회적인 차별과 박해를 겪고 있는데, 그 가운데서도 유독 기독교 그룹들이 겪는 차별과 고통이 다른 모든 종교그룹보다 훨씬 광범위하고 심각한 것으로 나타났다.

전 세계적으로 2억 명, 다시 말해 기독교인 가운데 10% 정도가 자신이 가진 믿음(신앙) 때문에 사회적 불이익과 시달림을 당하거나

---

tion-in-Middle-East.html

박해를 받는 것으로 나타났다. 기독교인에 대하여 박해가 가장 심한 중동지역에서는 지난 한 세기 동안에 기독교인 2/3 정도가 신앙의 박해를 피해 이 지역을 떠났거나, 살해를 당한 것으로 나타났다.

이 보고서는 "성서 역사의 본향인 이 지역에서 현재 기독교가 사라질 심각한 위기에 놓여 있다."고 결론짓고 있다.

② 이슬람 신자로 알려진 오바마의 집권으로 청교도 국가였던 미국에서도 기독교인들이 핍박받는 일들이 생기고 있습니다.

미국 애리조나주 피닉스에 사는 마이클 샐먼^{Michael Salman} 씨는 자신의 집에서 하던 성경공부 모임을 그만두지 않으면 60일간의 구류 처분과 12,180달러의 벌금을 부과받을 것이라는 판결을 받았습니다. 그가 종교시설이 아닌 곳에서 종교활동을 해서 도시 건축법을 침해했다는 것이 그 이유였습니다.[6]

또 미국의 국방성^{펜타곤}은 미군 병사들에게 "다른 종교로 바꾸는 개종은 국방부 안에서 허락되지 않는다. 이런 시도를 하면 때에 따라 군법에 회부될 수 있다."라면서, 만일 군대 안에서 특정 종교와 관련된 믿음을 전파하려 한다면 기소될 수 있음을 공식적으로 언급했습니다.

이러한 사실은 미국 대통령 오바마가, 국방부 안에서 새롭게 시

---

6 http://blog.naver.com/esedae/90147077768

행할 '종교 관용정책'에 대하여 자문을 구한 마이키 웨인스테인Mikey Weinstein; 극단적 반기독교 활동가과의 인터뷰에서 확인되었습니다. 그는 군대 안에서 자신의 믿음을 표현하거나 전파하는 기독교인들을 군법에 넘길 수 있어야 한다고 주장했습니다.[7] 또 미국 NJ 필립스버그 Phillipsburg에서 오랫동안 대체 교사로 일하던 한 선생님은 단순히 한 학생에게 성경을 주었다는 이유로 파면되기도 했습니다.[8]

오바마의 집권 이후, 미국에서는 기독교와 기독교 가치관에 대하여 계속 도전해 오고 있습니다. 바로 이러한 이유로 미국의 기독교인 가운데 오바마를 적그리스도라고 생각하는 사람이 많아지고 있는 것입니다. 오바마의 재선 이후에 한 미술관에서 그를 그리스도로 묘사한 그림이 전시되기도 했습니다.[9]

③ 종교개혁 이후 기독교 박해에서 중심적인 역할을 해 온 예수회,
　　 그곳 출신 교황이 처음으로 탄생했습니다.

2013년 3월 13일, 가톨릭 역사상 처음으로 예수회 출신인 프란치스코 1세가 교황으로 선출되자, 《타임Time》 지는 그를 '뉴 월드 포프'New World Pope ; 신세계 교황, New World Order를 가져올 교황로 소개했습니다. 교황으로 선출된 뒤에 프란치스코 1세는 에큐메니컬교회 통합 운동을

7　http://blog.naver.com/esedae/90172411403
8　http://blog.naver.com/esedae/90161852761
9　http://blog.naver.com/esedae/90157776243

확산시키는 것이 그의 최우선 과제임을 분명히 했습니다. 그는 "에 큐메니컬 대화를 지속하기 위한 결단"이라는 제목으로 연설을 했고, 이미 여러 번의 고위급 에큐메니컬 회의를 개최했습니다.[10]

아마도 예수회 출신 교황이 이끄는 이 종교통합의 큰 흐름에 합류하지 않는 그리스도인들은 그 옛날 중세시대 때 그러했던 것처럼, 모진 박해와 핍박을 피할 수 없게 될 것입니다.

3. 배도하는 시대

1) 먼저 배교하는 일이 있을 것이라 했습니다

[3] 누가 어떻게 하여도 너희가 미혹되지 말라 먼저 배교하는 일이 있고 저 불법의 사람 곧 멸망의 아들이 나타나기 전에는 그 날이 이르지 아니하리니. 살후 2:3

[12] 불법이 성하므로 많은 사람의 사랑이 식어지리라. 마 24:12

'배도'를 의미하는 헬라어 ἀποστάσια는 '반역'rebellion, '변절'defection이라는 뜻과 함께 '떠나감'departure이라는 뜻을 갖고 있습니다.

---

10 http://blog.naver.com/esedae/90171434919

ἀσποστάσια를 영어로 번역하면 apostacy^{변절, 배교, 배신}가 되는데, apostacy는 진리에서 벗어난다는 뜻이 있습니다. 성경은 마지막 때가 되면 많은 사람이 진리에서 벗어나 배도의 길을 걷게 될 것이라고 경고합니다. 말씀에서 경고한 것처럼 오늘날 우리는 교회 안에서 배도의 흔적을 많이 찾아볼 수 있습니다.

① 말씀에서 떠나 '체험적인 종교'를 추구하고 있습니다.

알파 코스, 뜨레스디아스, 신사도 운동, 관상기도, 이머전트 처치emergent church 운동 등과 같이 오늘날 교회 안에서 유행하는 프로그램들이 갖는 한 가지 특징이 있습니다. 하나같이 하나님의 말씀보다는 영적 체험을 강조한다는 사실입니다. 이렇듯 과연, 세상 프로그램으로 포장하여 교회에 침투하고 하나님의 진리를 바로 선포하지 않는 그룹이 일으키는 역사를 성령의 역사라고 할 수 있겠습니까?

사도 바울은 "고린도 교회 안에 '다른 예수', '다른 영', '다른 복음'을 전하는 자들이 있다."고 경계했습니다.[11] 따라서 우리는 요한1서 4장 1절에서 사도 요한이 권면한 내용처럼 "영을 다 믿지 말고 오직 영들이 하나님께 속하였나 분별"해야 합니다.

미국의 어느 교회에서는 영성훈련을 위해 뉴에이지의 대표적

---

11 고후 11:4

인 수련법인 요가 프로그램
을 교회 안에 도입하고 있습니
다.[12] 영국 성공회의 캔터버리
대주교인 로완 윌리엄스Rowan
Willia-ms는 새로운 복음화를 위
한 가톨릭 주교 모임에서 포스
트 기독교 시대post-Christian world
를 살아가는 사람들에게 다가
가기 위해서는 '명상'관상이 중
요하다고 언급하기도 했습니
다.[13]

　　이렇게 불교의 수련법인 명상이 언제부터인가 '관상기도'라는
이름으로 교회 안에 소개되고 있습니다. 스스로 자신을 이 시대의
사도라고 부르는 탐욕스럽고 부도덕한 사역자들이 주관하는 '신사
도 운동 집회'에는 온갖 미혹의 영들이 역사합니다. 이 모두가 진리
말씀를 떠난 교회가 '다른 영'에 취해 배도의 길을 가고 있는 모습입
니다.

---

12 http://blog.naver.com/esedae/90124996135
13 http://blog.naver.com/esedae/90154584439

② WCC의 뿌리는 로마 가톨릭입니다.

이 땅에 적그리스도의 나라를 세우려는 세력들이 세상의 모든 종교를 통합하여 하나 되게 만들려는 '뉴 월드 오더'New World Religion Order, 곧 WCC는 그들 신세계질서 정부가 계획하여 만들고 로마 바티칸이 주도하는 '일루미나티' 프리메이슨의 하부조직입니다.[14] 따라

> 예수님의 공생애를 기록한 복음서의 주제는 '하나님의 나라' 입니다. 그러나 오늘날 기독교는 '십자가의 도' 대신에 형통복음을 전하는 '그리스도 없는 기독교'가 되었습니다. 가톨릭 역사상 처음으로 선출된 예수회 출신, 교황 프란치스코 1세가 교회를 통합하는 '에큐메니컬 운동'을 확산시키며 종교통합이 그의 최우선 과제임을 분명히 했습니다.

서 저들 신세계 종교질서, WCC의 궁극적인 목적은 기독교를 포함해 모든 종교를 흡수·통합하여 '하나 되게' 만드는 것임을 알아야 합니다.

WCC를 통해 종교 통합을 이끌고 있는 로마 바티칸은 지난 2007년, '믿음에 대한 교리 협회'the Congregation for the Doctrine of the Faith를 통해, '가톨릭교회만이 예수 그리스도의 참된 교회'라는 저들의 신념을 재확인하는 16페이지에 달하는 문서를 발간한 바 있습니다.[15]

이 문서에서는 종교개혁으로 탄생한 기독교 단체인 개신교는 참된 교회가 아니며 다만, '교회적인 특성을 지닌 공동체'ecclesial com-

---

14 http://blog.daum.net/mulkogi153/13756391
15 http://blog.naver.com/esedae/90146928658

munities에 불과하다는 내용을 덧붙였습니다. "이런 교회적인 특성을 지닌 공동체는 특별히 성례전을 집행하는 사제가 없기 때문에, 가톨릭 교리에 비추어 볼 때, 교회라고 불릴 수 없다."는 것이 그들의 주장입니다.[16]

이처럼 개신교를 한 번도 참된 교회로 인정한 적이 없는 로마 가톨릭이, 개신 교회를 비롯한 모든 종교를 흡수 통합하기 위해 만든 WCC 집회를 2013년 10월에 우리나라 부산에서 개최했습니다. 이 행사를 추진하는 이들이 어떤 명분을 갖다 붙인다고 해도 이는 명백히 한국교회를 배도의 큰 흐름 속에 던져 버리는 행위입니다. 이 얼마나 통탄할 일입니까!

③ 형통복음이 '십자가의 도'를 대신하고 있습니다.

미국의 유명한 젊은 개혁신학자 마이클 호튼Michael Horton은 겉으로 보기에는 성장해 보이는 것 같지만, 실상은 복음의 능력을 잃어

> WCC는 신세계질서 정부가 계획해서 만들고 로마 바티칸이 주도하는 '일루미나티'의 하부조직으로서 그 뿌리는 로마 가톨릭입니다. 따라서 저들 신세계 종교질서, WCC의 궁극적인 목적은 기독교를 포함해 모든 종교를 흡수 · 통합하여 '하나 되게' 만드는 것입니다. 로마 가톨릭이, 모든 종교를 흡수 통합하기 위해 만든 WCC 집회를 2013년 10월 우리나라 부산에서 개최했습니다. 이는 명백한 배도입니다. 성경은 마지막 때에 많은 사람이 진리에서 벗어나 배도의 길을 걸을 것이라고 경고합니다.

---

16 Ibid.

버린 미국 교회를 향해 '그리스도 없는 기독교'라며 고발합니다.[17] 그는 조엘 오스틴으로 대표되는 형통복음이 '십자가의 도'를 대신하고 있고, 인간의 노력과 행위를 강조하는 율법주의가 하나님의 은혜를 강조하는 '복음'을 밀어내고 있으며, 뉴에이지에서 비롯된 신비주의적인 영성이 '성령의 역사'를 대신하고 있는 현 미국교회의 모습을 그리스도 없는 기독교라고 비판합니다.

현세적이고 물질적인 축복과 성공을 지향한다는 점에서는 한국 교회도 미국교회와 별로 차이가 없어 보입니다. 예수님의 공생애를 기록한 복음서의 주제는 '하나님의 나라'[천국]입니다. 주의 길을 예비하는 사명을 맡았던 세례 요한의 메시지가 "회개하라 천국이 가까이 왔느니라."[마 3:2]였고, 공생애를 시작한 예수님의 첫 번째 메시지도 역시 "회개하라 천국이 가까웠느니라."[마 4:17]였습니다. 세례 요한이나 예수님 모두 현세가 아니라 '내세'를, 세상 나라가 아니라 '하나님의 나라'[천국]를 바라보고 이곳에 소망을 두어야 한다고 가르치셨습니다.

하지만 오늘날 교회들은 세상에서 성공하고 축복받는 것이 신앙생활의 가장 큰 목표인 것처럼 가르치고 있습니다. 또한, 세상에서 출세하고 성공한 사람들이 교회 안에서도 인정받는 시대가 되었습니다. 따라서 우리는 지금, 십자가의 도가 아니라, 형통 복음이

---

17 마이클 호튼, 『그리스도 없는 기독교』, 김성웅 역(서울, 부흥과 개혁사, 2009), p. 32-33

성경의 중심 메시지인 것처럼 전파되는 시대를 살고 있습니다.

4. 땅 끝까지 전파될 복음

¹⁴이 천국 복음이 모든 민족에게 증언되기 위하여 온 세상에 전파되
리니 그제야 끝이 오리라. ^{마 24:14}

여기에서 "증거 되기 위하여"라는 말씀은, 복음이 전파됨으로써
믿는 자들에게는 '구원의 증거'가 되고, 복음을 듣고도 믿지 않는 자
들에게는 '심판의 증거'가 된다는 뜻입니다. 온 세상에 복음을 전했
는데도 이를 들으려 하지 않는다면, 그 책임은 듣고도 믿지 않는 자
들에게 돌아간다고 하셨습니다. 복음을 온 세상에 전파되게 하심으
로 하나님이 세상을 심판하실 조건이 완성된다고 볼 수 있습니다.
　현재 성경은, 전 세계적으로 2,530개의 방언으로 번역되었는데
[18], 이는 지구상에 존재하는 모든 언어의 약 90%에 해당하는 양입니
다. 또 인터넷과 방송매체의 발달은 공간과 시간의 제약을 받지 않
고 세계 어느 곳에서나 복음을 들을 수 있는 시대를 열어 놓았습니
다. 그야말로 우리는 '천국 복음이 모든 민족에게 증거되는 시대'를
살아가고 있는 것입니다.

---

18 http://en.wikipedia.org/wiki/Bible_translations_by_language

3장
/
온갖 재앙이 쏟아지는 가운데도
끝없이 바벨탑을 쌓는 '세상'

1. 인류 역사상 가장 '고통받는 때'

1) 난리와 전쟁의 소문이 있을 것입니다(마 24:6-7)

1991년 말 구소련이 붕괴하고 동서냉전 시대가 끝나자 사람들은 전 세계에 평화가 올 것이라 생각했습니다. 그러나 오히려 나라와 민족 사이에 잠재한 불만이 터져 나오면서 오늘날 난리와 전쟁

세상은 지금 인류 역사상 가장 처참한 시간을 기다리고 있습니다. 난리와 전쟁의 소문, 기근, 지진, 온역, 일월성신의 징조, 울부짖는 파도, 사람들의 악이 극에 달하고 있지만, 아직은 재앙의 시작에 지나지 않습니다. 이 세대야말로 말세에 고통하는 때입니다.

의 소문이 잦아졌습니다.

① 나라와 나라가(nation will rise against nation)

이것은 국가 간의 전쟁, 특별히 중동전쟁을 의미합니다. 리비아, 이집트, 시리아 사태에서도 알 수 있듯이 2010년 12월 이래 중동과 북아프리카에서 독재 정권에 대항하여 일어난 반정부 시위인 '아랍의 봄'Arab Spring은 전례가 없는 시위 운동 및 혁명의 물결이었습니다. 이 세기의 혁명 운동인 아랍의 봄은 중동의 여러 나라를 민주주의 국가로 바꾸어 놓을 것이라는 기대와는 다르게, 이들 나라에 엄격한 이슬람주의를 실현하는 계기가 되었습니다. 오랜 독재 권력이 물러난 그 자리에 오히려 이슬람교의 율법인 '샤리아'Sharia를 강요하는 이슬람 정권들이 하나둘씩 계속 들어서고 있기 때문입니다.

여러 반정부 시위 가운데, 튀니지와 이집트 등에서는 정권 교체를 가져올 정도의 거센 혁명으로 그동안의 친 서방, 친 이스라엘 정책을 포기하고 반 서방, 반 이스라엘 정책으로 돌아서고 있습니다.

시편 83편과 스가랴 12장에서는 마지막 때가 되면 이스라엘이 이스라엘을 진멸하고자 하는 대적들에게 포위될 것이라고 예언합니다. 현재 중동에서는 바로 그러한 일이 벌어지고 있습니다. 아랍의 봄으로 시작된 중동국가의 변화가 이스라엘의 멸절을 요구하는 이슬람 정권들을 탄생시키며 종말에 대한 성경의 예언들을 실현하고 있습니다.

지금도 계속 대치 상황이어서 언제든 일어날 수 있는 한반도의 전쟁도 이에 해당합니다. 2013년 7월 8일, 중국과 러시아 군함들이 동해에 진출해서 사상 최대 규모의 해상 합동훈련을 실시했습니다. 이는 최근 태평양으로 군사력을 집중시키는 미국을 견제하고, 한반도에 급변사태가 발생할 때에 신속하게 대처하기 위한 것으로 여겨집니다. 열강들의 화력이 집중되는 한반도가 중동에 이어 제2의 화약고가 될 수 있다는 뜻입니다.

② 민족이 민족을(kingdom against kingdom)

민족이 민족과 대항하여 다투는 싸움은 권력을 쟁취하기 위한 전쟁입니다. '나라와 나라'가 국가 사이에서 벌어지는 전쟁을 묘사한 것이라면, '민족이 민족'을 대적할 것이라는 말씀은 한 나라 안에서 권력을 얻기 위해 벌어지는 내전으로 이해할 수 있습니다.

2011년 1월에 아사드 대통령의 사임을 요구하며 시작된 시리아 내전은 벌써 2년 6개월 넘게 지속되면서 많은 사상자를 내고 있습니다.

또한 무바라크 정권을 무너뜨리고 이슬람 국가를 건설하고자 했던 무함마드 무르시 전 이집트 대통령이 또다시 시민의 힘으로 권좌에서 쫓겨남으로, 무르시 대통령을 지지하는 이슬람 세력과 그의 퇴진을 이끈 시민들과의 충돌로 이집트가 시리아와 같은 내전에 빠질 수 있다는 우려가 커지고 있습니다.

미국 전역에 수많은 관과 화장 시설을 갖춘 피마^{FEMA} 수용소가 800개 이상 흩어져 있는 것으로 알려진 가운데[19] 최근에는 국토안보부^{DHS}가 지뢰에도 안전한 3,000대에 가까운 수송용 차량을 구매하고, 16억 발의 탄약과 무기들과 비상식량을 사들인 것으로 알려져 우려를 낳고 있습니다.[20] 이는 미국 안에서 경제 붕괴와 같은 급변 사태가 발생하면 시민전쟁이 발발할 수 있다고 예측한 미 행정부의 조치라고 볼 수 있습니다.

2) 처처에 기근이 있을 것입니다(7절)

최근 몇 년 동안에 계속되는 전 세계적인 기상이변 때문에 식량 생산에 차질을 크게 빚고 있습니다. 2010년 말부터 시작된 아랍의 봄으로 알려진 민주화 운동의 배경에는 이들 중동 지역이 겪는 극심한 식량난이 중요한 요인이었습니다.[21]

국제 식량 가격의 폭등에 따라 우리나라도 최근 몇 년 동안에 소비자 물가가 치솟는 경험을 하고 있습니다.

요한계시록 6장에서는 7년 대환난이 시작되면 본격적인 기근이

---

19 http://rationalwiki.org/wiki/FEMA_concentration_camps
20 http://blog.naver.com/esedae/90169396429
21 http://news.naver.com/main/reA.D..nhn?mode=LSD&mid=sec&sid1=102&
   oid=0 01&aid=0006257727

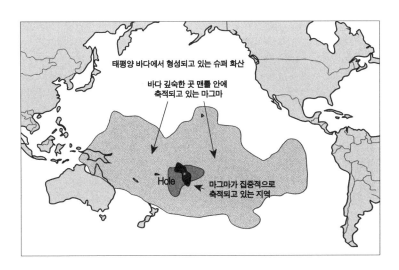

환태평양 고리로 알려진 태평양 바다에 엄청난 규모의 마그마가 축적된 것으로 알려졌다. 최근에 전 세계적으로 잦아진 화산활동이 대지진의 전조라는 예측이 있다.

닥칠 것으로 예언하고 있습니다.^{계 6:6} 계 6:6

3) 엄청난 지진이 있을 것입니다(8절)

2004년 인도네시아 대지진은 리히터 규모 9.2, 그리고 2008년 쓰촨성 대지진, 2010년 아이티 대지진, 2011년의 일본 대지진은 리히터 규모 9.0을 기록하고 있습니다. 그래서 이제 웬만한 크기의 지진은 보도조차 하지 않을 정도로 지진의 강도가 아주 세지고 그 정도가 점점 잦아지고 있습니다.

© 연합뉴스

세계 전역에서 원인을 알 수 없는
싱크홀이 발견되고 있다.
이를 대지진의 전조로 보는 사람
들이 많다.

4) 온역이 있을 것입니다

[11]곳곳에 큰 지진과 기근과 전염병이 있겠고 또 무서운 일과 하늘로 부터 큰 징조들이 있으리라. 눅 21:11

온역pestilence은 전염병을 말합니다. 과학 기술이 발전한 요즘에도 병명조차 생소한 전염병들이 몇 해 전 온 땅에 가득해서 한때 사람들을 불안하게 만들었습니다. 에이즈AIDS, 사스SARS, 조류독감에 병명조차 낯선 신종플루, 구제역 등으로 사람과 가축이 죽었습니다. 사람 사이에 전염될 수 있는 조류독감이 실험실에서 인위적으로 개발되었다는 소식도 있었습니다.[22] 또한, 유사 사스 때문에 생긴 사망자가 38명에 달한다는 사우디아라비아의 소식도 들렸습니다.[23]

의학 기술의 발달로 앞으로 인류는 질병 없는 세상을 보게 되리라고 예측하는 학자들이 몇십 년 전만 해도 많았는데, 불행하게도 현실은 오히려 점점 그 반대로 가고 있습니다. 의학의 발전 속도보다 더 빠르게 나타나고 진행되는 새로운 질병으로 사람들은 병에 대한 걱정과 고민이 전보다 커졌습니다.

---

22 http://blog.naver.com/esedae/90131753802
23 http://blog.naver.com/esedae/90176652594

5) 일월성신에 징조가 있을 것입니다

²⁵일월 성신에는 징조가 있겠고ᄂ 21:25 전

요한계시록 6장 13절과 14절은 여섯 번째 인의 재앙을 다음과 같이 묘사합니다.

¹³하늘의 별들이 무화과나무가 대풍에 흔들려 설익은 열매가 떨어지는 것 같이 땅에 떨어지며 ¹⁴하늘은 두루마리가 말리는 것 같이 떠나가고 각 산과 섬이 제 자리에서 옮겨지매.계 6:13-14

① 운석우의 충돌

운석우의 충돌 사건을 소위 말하는 행성 X 또는 니비루 행성의 등장으로 설명하는 이들이 있습니다. 나사에서는 부인하는 사실이지만, 이 니비루 행성행성 X은 크기가 지구의 4배, 무게가 지구의 23배, 공전주기가 3657년인 태양계의 열 번째 행성인데 다른 행성들과는 다른 궤적으로 태양계를 돌고 있다고 합니다.

우주먼지운석를 많이 끌고 다니는 이 행성이 만일 지구에 접근하면 엄청난 무게 때문에 무화과 과실이 대풍에 흔들려 떨어지는 것처럼 먼저, 엄청난 양의 운석이 지구로 떨어지게 될 것입니다. 그리고 이 행성이 지구의 궤도에 가장 가까이 접근하면 그 인력引力, 물리

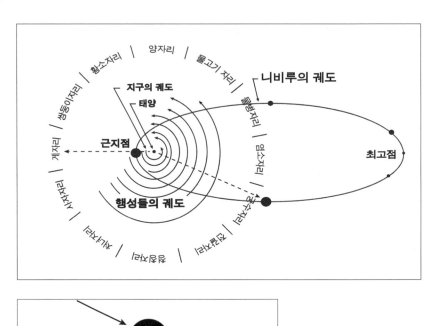

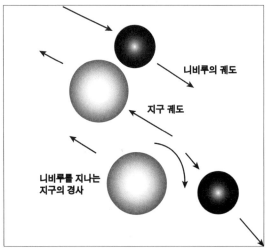

요한계시록에 기록된 예언들은 니비루(X) 행성과 이 행성이 끌고 오게 될 운석들로 인해 발생할 수 있는 재앙의 모습과 유사하다.

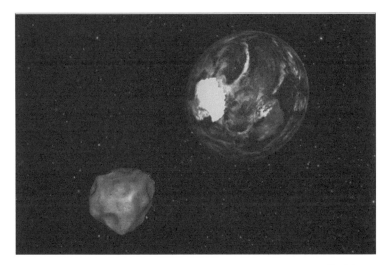

© 연합뉴스

적·공간적으로 떨어져 있는 물체가 서로를 끌어당기는 힘 때문에 지구 자전축에 빠르게 변화를 일으킨다고 합니다. 지상에서 이 사건을 관측하면 성경의 표현처럼 종이 축이 말리는 것 같이 하늘이 떠나가는 모습으로 보인다고 합니다.

② 소행성의 충돌

요한계시록 8장 10절과 11절에는 '쑥'이라는 이름을 가진 큰 별소행성이 하늘에서 떨어져 강들과 물샘을 쓰게 만드는 사건이 기록되어 있습니다.

[10]셋째 천사가 나팔을 부니 횃불 같이 타는 큰 별이 하늘에서 떨어져 강들의 삼분의 일과 여러 물샘에 떨어지니 [11]이 별 이름은 쓴 쑥이라 물의 삼분의 일이 쓴 쑥이 되매 그 물이 쓴 물이 되므로 많은 사람이 죽더라. 계 8:10-11

감람산 강화에서 예수님은 종말의 때가 되면 "일월성신에는 징조가 있을 것"녹 21:25이라 경고하셨고, "이 모든 것이 재난의 시작이라."마 24:8고 하셨습니다. 전쟁, 지진, 기근, 온역의 소식과 함께 하늘의 권능이 흔들리는 소식이 처처에서 들려오고 있습니다. 이제는 눈을 들어 하늘을 볼 때입니다.

6) 파도가 울부짖을 것입니다

[25]일월 성신에는 징조가 있겠고 땅에서는 민족들이 바다와 파도의 성난 소리로 인하여 혼란한 중에 곤고하리라. 눅 21:25

7) 사람들이 더 없이 악해질 것입니다

[1]너는 이것을 알라 말세에 고통하는 때가 이르러 [2]사람들이 자기를 사랑하며 돈을 사랑하며 자랑하며 교만하며 비방하며 부모를 거역하며 감사하지 아니하며 거룩하지 아니하며 [3]무정하며 원통함을 풀지 아니하며 모함하며 절제하지 못하며 사나우며 선한 것을 좋아하

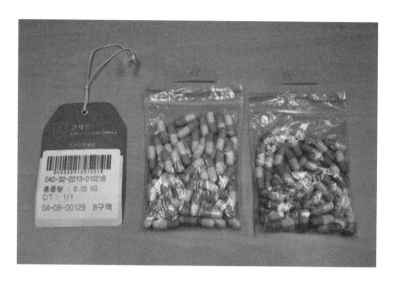

인육으로 만든 분말 캡슐이 정력제라는 이름으로 유통되고 있다. ⓒ 연합뉴스

지 아니하며 ⁴배신하며 조급하며 자만하며 쾌락을 사랑하기를 하나
님 사랑하는 것보다 더하며 ⁵경건의 모양은 있으나 경건의 능력은
부인하니 이같은 자들에게서 네가 돌아서라. 딤후 3:1-5

오원춘 사건과 이를 모방한 범죄가 발생하고, 정력에 좋다는 이
유로 사산한 태아로 만든 인육 캡슐이 유통되는 세태를 보면, "말세
에 고통하는 때가 이르리니"라는 말씀이 정말 실감이 납니다.

© 연합뉴스

2004년 인도네시아와 2011년 일본의 대지진 때문에 생긴 쓰나미가 얼마나 큰 피해를 일으켰는지 우리는 잘 알고 있다.

2. 지식과 최첨단 과학기술의 발달

종말의 세대에 세상은 점점 심각해져 가는 자연의 재앙과 악해져 가는 사람들의 모습으로 고통하는 때가 될 것이라고 성경은 묘사합니다. 이와 함께 종말의 때는 인간의 지식과 과학 기술이 고도로 발달한 시대가 될 것이라고 합니다.

1) 사람이 빨리 왕래할 것입니다(교통의 발달)

⁴많은 사람이 빨리 왕래하며 지식이 더하리라.단 12:4 후

2) 지식이 더할 것입니다(인터넷을 통한 정보 홍수시대)

인류의 문명이 탄생한 이래 지금까지 수천 년 동안 사람들이 쌓은 지식의 분량을 100이라고 본다면, 인터넷이 발달한 요즘에 와서는 똑같은 지식의 분량을 쌓는 데 단지 10년의 시간이면 충분하다고 합니다. 통신의 발달은 과거에 수천 년이 걸려야 얻을 수 있는 지식을 아주 짧은 기간으로 단축시켜 우리 생활에 편리함과 윤택함을 가져다주었습니다.

3) 텔레커뮤니케이션이 엄청나게 발전할 것입니다

⁹백성들과 족속과 방언과 나라 중에서 사람들이 그 시체를 사흘 반 동안을 보며 무덤에 장사하지 못하게 하리로다 ¹⁰이 두 선지자가 땅에 사는 자들을 괴롭게 한 고로 땅에 사는 자들이 그들의 죽음을 즐거워하고 기뻐하여 서로 예물을 보내리라 하더라 ¹¹삼 일 반 후에 하나님께로부터 생기가 그들 속에 들어가매 그들이 발로 일어서니 구경하는 자들이 크게 두려워하더라. 계 11:9-11

요한계시록 11장에 보면 성전에서 3년 반 동안 복음을 전하며 세계정부에 항거하던 두 증인이, 무저갱에서 올라온 짐승과 전쟁을 벌여 목숨을 잃는 장면이 등장합니다. 이때 저희의 시체가 매장되지 못하고 큰길 가운데 방치되는데, 땅에 거하는 자들이 그 모습을 보고 크게 기뻐하며 서로 예물을 보냈다고 성경은 증거합니다.

킹 제임스 버전ᴷᴶⱽ 영어 성경에서는 '땅에 거하는 자들'이라는 말씀을 'the people and kindreds and tongues and nations'백성들과 족속들과 언어들과 민족들라고 자세히 풀어 설명합니다. 이것은 세상 모든 족속과 민족이 이스라엘의 두 증인이 죽는 모습을 지켜보며 즐거워한다는 뜻입니다. 이것이 어떻게 가능할까요? 인터넷과 TV로 이 모습이 전 세계에 중계될 것이기 때문에 가능한 일입니다.

2000년 전, 사도 요한이 이 말씀을 들었을 때만 해도 도무지 상상하기 어려운 일이었을 것입니다. 하지만 세계가 하나로 연결된 지금은 이 예언의 말씀이 문자 그대로 이루어질 수 있는 시대가 되었습니다.

4) 신분증과 돈을 대신할 표식이 등장할 것입니다

[16]그가 모든 자 곧 작은 자나 큰 자나 부자나 가난한 자나 자유인이나 종들에게 그 오른손에나 이마에 표를 받게 하고 [17]누구든지 이 표를 가진 자 외에는 매매를 못하게 하니 이 표는 곧 짐승의 이름이나 그 이름의 수라. 계 13:16-17

요한계시록 13장에는 적그리스도가 세상의 권세를 잡은 뒤, 사람들을 통제하기 위한 수단으로 '짐승의 표'를 그 이마나 오른손팔에 받게 할 것이라는 말씀이 나옵니다. 성경은 누구든지 이 표를 받지 않으면 물건을 사거나 팔 수 없게 될 것이라고 했습니다. 짐승의 표라고 할 때, 이 구절에서 '표'에 해당하는 헬라어 χαραγμα는 노예에게 찍는 '낙인'이라는 뜻이 있습니다. 사람들은 짐승의 표를 받는 순간부터 '노예처럼' 적그리스도의 통제를 받는 존재가 됩니다.

그렇다면 화폐 기능을 대신하고 그것을 몸에 심는 순간부터 세계정부의 통제를 받게 되는 이 '표'는, 과연 어떤 것이겠습니까? 종말을 연구하는 많은 학자는 현재 개발이 끝난 '베리칩'혹은 RFID, 베리 텍, 포지티브 칩 등. 기능은 같지만 미혹하기 위해 다른 이름으로 우리에게 선보일 수도 있음이 이 짐승의 표가 될 것이라고 합니다. 현재 우리가 사용하는 신분증과 신용카드, 건강보험증과 GPSGlobal Positioning System, 전(全) 지구 위치 파악 시스템 기능 등을 합친 '베리칩'을 세계 정부가 사람을 '통제하는' 수단으로 사용할 것으로 보고 있습니다. 이 사실만 보더라도 그야말로 지금 이

때가 666 정부가 들어설 모든 준비가 끝난 종말의 세대입니다.

앞으로는 요한계시록 13장에 나오는 '짐승의 표(666)'를 받지 않으면 성경에 기록된 것처럼 누구도 매매할 수 없는 때가 올 것입니다. 현재 짐승의 표(666)로 논의되는 베리칩은 한 사람의 모든 유전자 정보를 담은 신분증으로 세계 정부(적그리스도의 정부)가 세계 모든 인류를 통제하기 위한 수단으로 사용하려고 개발한 핵심적인 통제기술입니다. 이 베리칩은 또한 유전자 정보와 연동된 일정한 전파 발생을 통해 이식자의 마음을 조종하는 것(마인드컨트롤)도 가능하다고 알려지고 있습니다. 베리칩이 짐승의 표인지 아닌지에 대한 확증이 아직 없다고 해도 이 사실(베리칩을 몸에 이식하는 즉시 자유의지를 잃고 통제를 당할 수 있다는 사실) 하나만 보더라도 그리스도인들이라면 마땅히 짐승의 표로 쓰일 것이 확실한 베리칩을 거부해야 하는 것입니다.

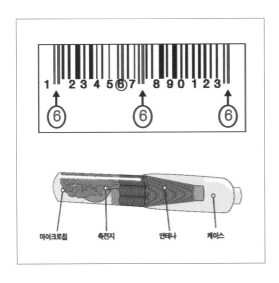

666 바코드와 베리칩의 구조

먼저 아래의 글을 읽고 말씀을 통해 다시 묵상해 보십시오.

Q. 베리칩은 성경이 말하는 짐승의 표, 666이 맞는가? 베리칩을 받으면 정말 구원을 잃는 것일까?

〈베리칩이 666, 짐승의 표인가에 대한 성경적 견해〉

이 책에서는 베리칩이 짐승의 표라는 증거에 대해서 자세하게 분석하지는 않겠습니다. 이 책에서 깊이 있게 다룰 주제도 아니고 이미 다른 분들의 책에 많이 소개되었기 때문입니다. 그럼에도 이곳에 몇 자라도 적은 이유는 베리칩에 대하여 주의 깊게 관찰하고 성경에서 말하는 짐승의 표가 아니라는 확실한 증거를 얻기 전까지는 어떠한 일이 있어도 이식하지 마시기를 강권하기 위해서입니다.

먼저 간단한 질문 한 가지만 드리겠습니다. 우리 몸의 하고많은 부분을 빼고 베리칩이라는 것을, 왜 하필이면 성경에서 받지 말라고 경고하고 명령하는 이마나 오른손(팔)에 받게 할까요? 혹시 성경의 예언(사단이 할 수만 있다면 택한 성도조차도 넓은 길로 끌고 가서 구원을 잃게 할 목적)을 성취하기 위해서는 아닐까를 생각해 볼 수 있는 문제입니다.

성경은 이 짐승의 표를 언급하면서 매매 기능을 하는 이 표에 대하여 이마나 오른손(팔)에 심거나 새기는 무언가로 표현하고 있습니다. 그런데 이를 통해 또 흥미로운 사실을 발견할 수 있습니다. 속이는 자, 거짓의 아비인 사단은 하나님을 흉내 내기를 즐긴다는 점입니다. 이런 측면에서 표에 대한 문제를 접근하면, 우선 과거 모세의 시대에 이스라엘 백성은 '여호와의 명령과 규례와 법도'로서 하나님의 계명인 '말씀'을 손목에 매어 기호(표적, sign)로 삼거나 미간(두 눈 사이, 이마)에 붙여 표(symbol)로 삼으며 마음과 뜻과 힘을 다해 하나님 여호와를 사랑해야 했습니다(신명기 6:5-8). 이것은 하나님의 종(노예)된 자녀로서 하나님께 대한 충성을 다하는 것이었습니다.

"실제로 이스라엘 백성은 이때부터 이 명령을 문자적으로 지키기 위해 천이나 가죽에 출애굽기와 신명기 말씀 중 일부를 써서 손에 매거나 이마에 두름으로써 문자 그대로 이것을 그들의 손의 기호와 이마의 표로 삼았다고 합니다. 표는 증거가 될 만한 것을 말합니다. 성경에서는 '기념비', '증거물', '깃발', '표시' 등을 의미합니다. 성경에서 최초로 하나님께 표를 받은 사람은 가인이었습니다. 하나님께서는 이스라엘 백성들에게 유월절 예식을 잊지 말고 지키라는 뜻에서 손과 양 눈썹 사이에 말씀으로 표를 삼으라고 명령하셨습니다(출 13:9,16)."

(『비전성경사전』(두란노), p.1318, "표"(Mark)에서 발췌)

하나님은 우리에게 이 구절을 통해 손목과 미간에 표로 삼을 만큼 말씀(=말씀이신 하나님)을 사랑하라고 명령하십니다. 우리는 당시에 이스라엘 백성처럼 하나님에 대한 순종을 증명하는 하나의 방법으로 손목과 미간에 '말씀'을 매고 붙이고, 가슴에 새겨야 합니다. 그런데 우리가 성경에서 받지 말라고 하는 짐승의 표(베리칩일 가능성이 있는)를 받으면 어떻게 될까요…? 말씀을 새겨야 할 하나님의 자리를 대신해 우리 안에 칩을 받으면 그 칩이 우리의 하나님이라는 사실을 인정하는 것이고 또한 실제로 그 칩이 우리의 하나님이 되지 않을까요? 하나님의 명령에 순종하듯이, 아마도 칩을 받는 즉시 우리도 모르는 사이에 자유의지를 잃고 우리의 생각과 행동을 통제당해서 칩이 시키는 명령대로 따르게 될 것입니다.

'표'에 해당하는 헬라어 χαραγμα는 노예에게 찍는 '낙인'이라는 뜻이 있습니다. 따라서 어떤 이유로든 짐승의 표를 받는 행위는 사단의 노예가 되겠다고 스스로 인정(우상 숭배 및 경배)하는 행동이라고 하겠습니다. 표와 관련하여 성경은 또 무엇이라고 합니까?

요한계시록 20장 4절에서 보면 이마와 손에 짐승의 표(mark)를 받지 않은 자들이 천년왕국에서 왕 노릇을 할 것이라고 예언합니다. 22장 4절에서는 새 예루살렘 성에 입성한, 영생을 얻은 어린 양의 종들의 이마에는 그분의 이름(name, '신분증' 개념으로 생각해 볼 수도 있음)이 있다고 합니다.

이 밖에도 요한계시록 13장 16-18절, 14장 9-12절, 16장 2절(모두 표를 mark로 표현)에서 이 짐승의 표에 대해 명확하게 알려 줍니다.(창세기 17장 13절에서도 보면 누구나 할례를 받아야 하며, 이것은 살에 새기는 하나님의 영원한 언약이라고 합니다. 따라서 우리는 이마에, 짐승의 표가 아닌 하나님의 인을 받아서 천국 백성으로서 영원한 언약인 '영생'을 소유해야 합니다.)

말씀에 비추어 볼 때, 소위 베리칩이라고 하는 것은 성경에서 말하는 짐승의 표에 가깝고, 만일 베리칩이 666, 짐승의 표가 맞다면 하나님이 받지 말라고 명령하신 이 칩을 받는 동시에 구원의 은혜와 기회를 영영 잃어버리게 됩니다. 따라서 '베리칩이 666표가 아니라는 확실한 증거가 있기 전까지는' 어떠한 일이 있더라도 몸에 칩을 심거나 새겨서는 안 될 것입니다. 한 번의 잘못된 선택이 당신의 인생을 좌우할 뿐만 아니라, 칩을 받는 즉시 당신의 영원한 생명을 잃어버릴 수 있기 때문입니다.

새 예루살렘 성의 영원한 천국을 소유한 백성의 필수 자격 조건 중의 하나는 이마와 손에 짐승의 표를 받지 않는 것입니다. 그들의 이마 안에는 오직 그분의 이름(하나님, 예수님)이 있어야 함을 기억해야 합니다. 성경은 사람이 물질과 하나님을 동시에 섬길 수 없다고 밝히 말합니다. 이처럼 우리의 이마(팔, 미간-말씀)에는 짐승의 낙인, 아니면 하나님의 인, 이 둘 중에 하나를 반드시 찍어야 합니다. 당신은 둘 중에 어떤 것을 새기시겠습니까?

참고_ 짐승의 표를 살(몸)에 새기는 것과 관련된 언약 구절

¹³너희 집에서 난 자든지 너희 돈으로 산 자든지 할례를 받아야 하리니 이에 내 언약이 너희 살에 있어 영원한 언약이 되려니와.^{창 17:13}

⁵너는 마음을 다하고 뜻을 다하고 힘을 다하여 네 하나님 여호와를 사랑하라 ⁶오늘 내가 네게 명하는 이 말씀을 너는 마음에 새기고 ⁷네 자녀에게 부지런히 가르치며 집에 앉았을 때에든지 길을 갈 때에든지 누워 있을 때에든지 일어날 때에든지 이 말씀을 강론할 것이며 ⁸너는 또 그것을 네 손목에 매어 기호를 삼으며 네 미간에 붙여 표로 삼고.^{신 6:5-8}

¹⁶그가 모든 자 곧 작은 자나 큰 자나 부자나 가난한 자나 자유인이나 종들에게 그 오른손에나 이마에 표를 받게 하고 ¹⁷누구든지 이 표를 가진 자 외에는 매매를 못하게 하니 이 표는 곧 짐승의 이름이나 그 이름의 수라 ¹⁸지혜가 여기 있으니 총명한 자는 그 짐승의 수를 세어 보라 그것은 사람의 수니 그의 수는 육백육십육이니라.

계 13:16-18

⁹또 다른 천사 곧 셋째가 그 뒤를 따라 큰 음성으로 이르되 만일 누구든지 짐승과 그의 우상에게 경배하고 이마에나 손에 표를 받으면 ¹⁰그도 하나님의 진노의 포도주를 마시리니 그 진노의 잔에 섞인 것

이 없이 부은 포도주라 거룩한 천사들 앞과 어린 양 앞에서 불과 유황으로 고난을 받으리니 ¹¹그 고난의 연기가 세세토록 올라가리로다 짐승과 그의 우상에게 경배하고 그의 이름 표를 받는 자는 누구든지 밤낮 쉼을 얻지 못하리라 하더라 ¹²성도들의 인내가 여기 있나니 그들은 하나님의 계명과 예수에 대한 믿음을 지키는 자니라.^{계 14:9-12}

²첫째 천사가 가서 그 대접을 땅에 쏟으매 짐승의 표를 받은 사람들과 그 우상에게 경배하는 자들에게 악하고 독한 종기가 나더라.^{계 16:2}

⁴또 내가 보좌들을 보니 거기에 앉은 자들이 있어 심판하는 권세를 받았더라 또 내가 보니 예수를 증언함과 하나님의 말씀 때문에 목 베임을 당한 자들의 영혼들과 또 짐승과 그의 우상에게 경배하지 아니하고 그들의 이마와 손에 그의 표를 받지 아니한 자들이 살아서 그리스도와 더불어 천 년 동안 왕 노릇 하니.^{계 20:4}

³다시 저주가 없으며 하나님과 그 어린 양의 보좌가 그 가운데에 있으리니 그의 종들이 그를 섬기며 ⁴그의 얼굴을 볼 터이요 그의 이름도 그들의 이마에 있으리라.^{계 22:3-4}

4장
/
임박한 적그리스도의 등장(NWO)

이 땅에 환난과 심판의 날이 될 '주의 날'은 이를 인식할 만한 분명한 예표적 사건이 일어난 뒤에야 비로소 오게 될 것입니다. 배도와 적그리스도의 출현은 임박한 주의 날을 알려 주는 증거^{sign}가 될 것입니다.

1. 불법의 비밀

[1]형제들아 우리가 너희에게 구하는 것은 우리 주 예수 그리스도의 강림하심과 우리가 그 앞에 모임에 관하여 [2]영으로나 또는 말로나 또는 우리에게서 받았다 하는 편지로나 주의 날이 이르렀다

고 해서 쉽게 마음이 흔들리거나 두려워하거나 하지 말아야 한다는 것이라 ³누가 어떻게 하여도 너희가 미혹되지 말라 먼저 배교하는 일이 있고 저 불법의 사람 곧 멸망의 아들이 나타나기 전에는 그 날이 이르지 아니하리니 ⁴그는 대적하는 자라 신이라고 불리는 모든 것과 숭배함을 받는 것에 대항하여 그 위에 자기를 높이고 하나님의 성전에 앉아 자기를 하나님이라고 내세우느니라 ⁵내가 너희와 함께 있을 때에 이 일을 너희에게 말한 것을 기억하지 못하느냐 ⁶너희는 지금 그로 하여금 그의 때에 나타나게 하려 하여 막는 것이 있는 것을 아나니 ⁷불법의 비밀이 이미 활동하였으나 지금은 그것을 막는 자가 있어 그 중에서 옮겨질 때까지 하리라 ⁸그 때에 불법한 자가 나타나리니 주 예수께서 그 입의 기운으로 그를 죽이시고 강림하여 나타나심으로 폐하시리라 ⁹악한 자의 나타남은 사탄의 활동을 따라 모든 능력과 표적과 거짓 기적과 ¹⁰불의의 모든 속임으로 멸망하는 자들에게 있으리니 이는 그들이 진리의 사랑을 받지 아니하여 구원함을 받지 못함이라 ¹¹이러므로 하나님이 미혹의 역사를 그들에게 보내사 거짓 것을 믿게 하심은 ¹²진리를 믿지 않고 불의를 좋아하는 모든 자들로 하여금 심판을 받게 하려 하심이라. 살후 2:1-12

데살로니가후서 2장은 "주의 날"^{2절}로 묘사되는 종말의 상황을 설명하는 말씀입니다. 데살로니가 교인 가운데는 주의 날이 이미 이르렀다고 하자 마음이 요동치거나 두려워하는 자가 많았습니다.

이런 자들에게 사도 바울은 환난과 심판의 날이 될 주의 날은 이를 인식할 만한 분명한 예표적 사건이 있은 뒤에야 비로소 이르게 될 것이니, 미리 동심하거나 두려워해서는 안 된다고 설명합니다.

구체적으로 보면, 먼저 배도하는 일이 있고³절, 불법의 사람 곧 멸망의 아들이 나타나야³절 비로소 주의 날이 이를 것이라 하십니다. 배도와 적그리스도의 출현이 주의 날이 임박했음을 보여 주는 증거가 될 것이라는 말씀입니다. 교회의 배도와 함께 불법의 사람인 적그리스도의 출현이 주의 날이 이르렀다는 증거가 될 것인데, 특별히 불법의 사람인 적그리스도의 출현에 '불법의 비밀'이 중요한 역할을 하게 될 것을 말씀하고 있습니다.

1) 불법의 비밀이 이미 활동하였으나(7절)

'비밀'에 해당하는 헬라어 '뮈스테리온'은 '감춰지다'라는 뜻이 있습니다. 신약성경에서는 주로 '오랫동안 감추어졌으나 이제 드러나게 된 하나님의 의도'섭리를 의미하는 단어로 사용되고 있습니다.[24] 이러한 단어적인 의미를 생각해 볼 때, 불법의 비밀이란 오랫동안 감춰진 불법한 세력이라는 뜻으로 해석할 수 있습니다.

본문 3절에서는 장차 이 땅에 등장할 적그리스도를 "불법의 사

---

24 http://blog.naver.com/esedae?Redirect=Log&logNo=90175367379&from=postView

'적그리스도'란?
1. 루시퍼의 화신인
   '호루스'
2. 불법
3. 영지주의(일루미나티
   와 프리메이슨 신앙)자
4. 다른 그리스도
5. 예수께서 그리스도이
   심을 부인하는 자
6. 수련과 깨달음을 통해
   그리스도의 경지에 이
   른 사람들

1달러 지폐에 새겨진 전시안과 피라미드

람 곧 멸망의 아들"이라고 말합니다. '불법'이 적그리스도를 묘사하
는 단어 가운데 하나임을 알 수 있습니다. 그러하기에 불법의 비밀
이란 교회 안팎에서 자신의 존재를 숨기고, 비밀스럽게 적그리스도
를 추종하며, 언젠가 적그리스도가 통치하게 될 그날을 바라보며
준비하는 자들이라고 정의할 수 있습니다.

아마 그동안 꾸준히 필자가 운영하는 블로그 〈이 세대가 가기
전에〉[25]를 방문한 사람이라면 불법의 비밀이라는 단어를 볼 때 머
릿속에서 제일 먼저 생각나는 자들이 있을 것입니다. 그들은 오랜
기간 비밀스럽게 루시퍼를 섬기면서 언젠가 루시퍼의 화신인 우주

---

25 http://blog.naver.com/esedae

적 그리스도, '호루스'가 와서 통치하게 될 세상을 소망하며 그날을 앞당기기 위해 애쓰는 자들입니다. 바로 일루미나티, 프리메이슨, 예수회, 유대자본가, 엘리트 혹은 세상을 움직이는 그림자 정부로 일컬어지는 '세계정부주의자들'입니다.

신학적으로는 초대교회 이단인 '영지주의'와 유대교와 바벨론 신앙이 합쳐진 '카발라 신앙'을 추종하며 '뉴에이지 사상'으로 무장된 이 세력들은, 이 땅에 저들이 꿈꾸는 세상인 세계정부New World Order가 완성되면, 저들의 머릿돌capstone인 호루스가 등장하여 세상을 통치하게 될 것임을 믿고 있습니다. 이 믿음을 가장 잘 표현한 것이 바로 일루미나티의 대표적인 상징인 1달러 화폐에 새겨진 '전시안'호루스의 눈과 '피라미드'입니다.

그들은 13개의 층으로 된 피라미드세계정부가 완성되면 머릿돌인 호루스가 임재하여 세상을 통치한다고 믿고 있습니다. 이들이 기다리고 있는 루시퍼의 화신인 호루스가 바로 성경에서 묘사하는 멸망의 아들, '적그리스도'입니다.

사도 바울은 이 불법의 비밀이 이 세상에서 이미 활동하고 있다고 말합니다. 초대 교회 당시부터 복음과 진리를 대적하는 적그리스도의 세력들은 이미 활동하고 있었다는 것입니다. 요한일서 2장 22절에는 "예수께서 그리스도이심을 부인하는 자가 적그리스도"라 했고, 요한이서 1장 7절에는 "예수 그리스도께서 육체로 오심을 부인하는 자"라고 했습니다. 이는 당시의 영지주의자들을 지칭하는 말씀입니다. 흥미로운 사실은 앞에서 설명한 것처럼, 이 땅에 세계

정부를 세우려고 애쓰는 일루미나티와 프리메이슨의 신앙이 바로 이 '영지주의'에 바탕을 두고 있다는 것입니다.

저들은 자신들도 인류를 구원할 메시아, 그리스도에 대한 믿음이 있다고 주장합니다. 하지만 저들이 믿는 그리스도는 성경에 묘사된 그리스도와는 상관없는 '다른 그리스도'입니다. 구체적으로는 '우주적 그리스도'Cosmic Christ [26]라고 해서, 누구라도 깨달음을 얻고 수련을 쌓으면 그리스도가 될 수 있다고 주장합니다. 그래서 예수도 그리스도이지만 공자, 부처, 마호메트도 역시 수련과 깨달음을 통해 그리스도god-man의 경지에 이른 사람들이라고 주장합니다.

이들도 그리스도인처럼, 마지막 때가 되면 세상을 구원할 그리스도Maitreya가 다시 올 것이라는 믿음을 갖고 있습니다. 하지만 저들이 기다리는 그리스도는 예수님이 아니라, 루시퍼의 화신인 '호루스'입니다. 이 호루스가 바로 현대판 영지주의자가 기다리고 있는 메시아, '적그리스도'인 것입니다.

인류의 역사 속에서 불법의 비밀 즉, 오랫동안 하나님을 대적하던 적그리스도의 세력들이 비밀스럽게 활동해 오고 있습니다.

하나님이 그리스도의 몸 된 교회를 통해 이 땅에 하나님의 나라를 세워 가려고 애쓰시는 것처럼, 루시퍼를 추종하는 이 불법한 세력은 일루미나티, 프리메이슨, 예수회와 같은 비밀스러운 조직들을

---

26 http://www.secondenlightenment.org/Cosmic%20Christ.pdf

통해 적그리스도가 통치하는 세상을 만들려고 애써 왔습니다.

그리고 그동안에는 비밀결사 단체였던 저들이 이제는 자신들이 바라던 세상이 올 때가 얼마 남지 않았다는 판단을 내리고, 공개적으로 자신들의 존재를 드러내고 적극적으로 활동하고 있습니다.

> **'불법의 비밀'이란?**
> 1. 오랫동안 하나님을 대적하던 적그리스도의 세력들
> 2. 교회 안팎에서 자신의 존재를 숨기고, 비밀스럽게 적그리스도를 추종하며 언젠가 적그리스도가 통치하게 될 그날을 바라보며 준비하는 자들
> 3. 일루미나티, 프리메이슨, 예수회, 유대자본가, 엘리트 혹은 세상을 움직이는 그림자 정부로 일컬어지는 '세계정부주의자들'

2) 그들이 꿈꾸는 '적그리스도의 나라'

하나님이 교회를 통해 이 땅에 하나님의 나라를 건설하시듯, 루시퍼는 자신을 추종하는 자들을 통해 이 땅에 자신의 나라를 건설합니다. 그들이 바로 은밀히 루시퍼를 섬기며 이 땅에 루시퍼의 화신인 호루스^{적그리스도}가 통치하는 세상^{NWO}을 만들기 위해 애쓰는 세계정부주의자들^{일루미나티, 프리메이슨, 예수회, 유대자본가}입니다.

1990년 9월 11일 조지 부시^{아버지 부시} 대통령이 의회 연설 도중에, 미국 대통령으로는 처음으로 공식적인 자리에서 '뉴 월드 오더'^{신세계질서}를 언급했습니다. 그 후 정확히 11년이 지난 2001년 9월 11일에 유명한 미국의 9·11 테러 사건이 일어났습니다. 최근에는 미국의

9 · 11 테러가 조작되었고 주류 언론 기자들이 이에 대해 양심 선언을 하고 있다는 보도가 몇몇 매체를 통해 나오기도 했습니다.[27] 또한 9 · 11 사건이 미국 정부의 자작극임을 주장하는 2시간짜리 다큐멘터리 영상이 2006년 7월, 인터넷을 타고 전 세계로 확산되기도 했습니다. 40여 개의 항목에 걸쳐 반박을 펼치는 영상에서 감독은 세계무역센터가 비행기 충돌이 아닌, 폭파 공법으로 무너진 것이라고 주장[28]해서 더욱 이슈가 되었습니다. 그리고 이 9 · 11 테러 사건이 뉴 월드 오더 수립에 기폭제가 되었음은 시대의 징조를 아는 사람들에게는 이미 아주 잘 알려진 사실입니다.

9 · 11 테러 사건이 벌어진 미국 뉴욕의 세계무역센터가 붕괴된 자리그라운드 제로에 현재는 7개의 타워를 포함한 뉴 월드 트레이드 센터New World Trade Center, 신세계 무역센터가 세워지고 있습니다. 많은 사람이 현재 그라운드 제로에 세워지고 있는 뉴 월드 트레이드 센터가 바로 장차 세워질 뉴 월드 오더세계정부의 본부: Head quarter, 적어도 경제 분야를 총괄하는 본부가 될 것으로 보고 있습니다. 요한계시록 18장에 묘사된 '큰 성 바벨론'의 모습이 현재 세계 무역과 정치의 중심인 항구 도시요한계시록 18장 17-18절로서 UN 본부가 있는 뉴욕을 닮았다는 사실도 이러한 추측에 힘을 싣습니다.

---

27 http://www.presstv.ir/detail/2013/10/19/330112/mainstream-journalists-expose-911-hoax/
28 http://www.newscham.net/news/view.php?board=news&id=36643 〈민중언론 참세상〉 "9 · 11은 미국의 자작극" … 2006.07.03. 일부 기사 내용 참고)

그라운드 제로에 세워지고 있는 뉴 월드 트레이드 센터이다. 가장 높은 건물은
원 월드 트레이드 센터이다.   ⓒ 연합뉴스

　　7개의 타워로 구성된 뉴 월드 트레이드 센터의 가장 중심이면
서 가장 높고 상징적인 건물이 바로 '원 월드 트레이드 센터'One World
Trade Center입니다. 미국 내 최고 높이를 자랑하는 첨단 건물인 원 월
드 트레이드 센터는 일루미나티의 대표적 상징인 오벨리스크와 피
라미드를 합친 모양으로 일루미나티를 창건한 해인 1776년에 맞
추어 1,776피트541m 높이로 2013년 5월에 전체구조를 완공했으며,
2014년에 개관할 예정입니다.

2. 삼발의자의 계획[29]

1) 삼발의자, 그들의 계획은?

이 땅에 세계정부를 세우기 위한 엘리트들은 이 땅에 그들의 계획을 이루어 가기 위해 경제, 정치, 종교의 세 분야로 나누어 구체적으로 진행하고 있습니다.

먼저 새로운 세계 경제 질서New World Economic Order를 세우고, 그 바탕 위에 새로운 세계 정치 질서New World Politic Order: 세계정부수립를 건설하며, 이를 공고히 하기 위해 새로운 세계 종교 질서New World Religion Order: 종교통합를 만들어 갑니다. 경제, 정치, 종교 세 분야로 나누어 진행하지만, 결국 이 모두를 통합하여 세계정부를 건설하는 것이 저들의 계획이자 궁극적인 목표입니다. 저들은 이것을 삼발의자의 계획the three-legged stool plan이라 부르고 있습니다.

하나의 의자를 지탱하는 세 발과 같이 정치 · 경제 · 종교 세 분야로 나누어 진행하는 세계화가 결국, '세계정부 수립'이라는 하나의 목표로 귀결될 것입니다. 이처럼, 정치와 경제와 종교가 통합된 '세계정부'New World Order의 모습은 성경에 묘사된 적그리스도의 나라와 정확히 일치합니다.

---

29 http://blog.naver.com/esedae/90154775744

2) 성경에 묘사된 적그리스도의 나라와 세계정부

① 통합된 종교(New World Religion Order)

요한계시록 17장에서는 자줏빛과 붉은빛 옷을 입고 땅의 임금들과 땅에 거하는 자들을 음행의 길로 이끄는 음녀 바벨론을 소개하고 있습니다. 땅의 음녀들과 가증한 것들의 어미인 그녀는 적그리스도를 상징하는 붉은빛 짐승을 타고 손에 금잔을 들었는데, 성도들의 피와 예수를 증거하는 증인들의 피에 취했다고 묘사됩니다.

현재 WCC를 통해 개신교회뿐 아니라 세계의 모든 종교를 통합하여 하나로 만들려고 하는 로마 바티칸이 바로 음녀 바벨론일 것이라는 의견이 지배적입니다.

② 통합된 경제(New World Economic Order)

적그리스도의 나라를 묘사하고 있는 요한계시록 18장에는 특별히 '땅의 상고들'the merchants of the earth이라는 표현이 자주 등장합니다. 적그리스도의 나라는 땅의 상고들과 '적그리스도에게서 권세를 위임받은' 땅의 왕들이 다스리는 경제와 정치가 통합된 나라입니다. 이렇게 땅의 상고들과 함께 경제를 통합한 적그리스도는 사람들에게 짐승의 표를 강요할 것입니다. 그리고 이 표를 받지 않는 사람은 경제활동^{매매}을 하지 못하고^{계 13:17} 핍박당하게 될 것입니다.

이미 세계경제를 장악한 이 땅의 상고들, 바로 유대자본가들과 일루미나티들은 현재 세계경제를 통합하기 위해 한창 작업을 진행하고 있습니다. 조만간 세계 경제가 기울어지고, 기축화폐의 역할을 하던 미국의 달러가 무너지게 되면 이를 대신할 세계 화폐가 등장하고 세계 경제는 '통합의 길'로 가게 될 것입니다. 경제가 통합되면, 이를 효과적으로 운영하기 위해 전자 상거래가 장려될 것이고, 소위 666표라고 하는 RFID 칩이 도입될 것입니다. 계시록 13장의 예언이 그대로 실현되는 것입니다.

③ 통합된 정치(New World Politic Order)
 : 열 뿔과 열 왕 그리고 적그리스도

다니엘 2장에 등장하는 철과 진흙이 섞인 열 개의 발가락으로 묘사된 나라와, 다니엘 7장에 묘사된 열 뿔 달린 넷째 짐승으로 묘사된 나라가 바로 마지막 때에 등장할 적그리스도의 나라가 갖게 될 모습입니다. 열 뿔 가운데에서 솟아난 '작은 뿔'^{단 7:8}이 바로 이 나라를 통치할 적그리스도입니다.

요한계시록 13장에도 바다에서 올라온 짐승의 머리에 열 뿔이 있고 그 뿔에 열 면류관이 있다고 묘사하고 있습니다.^{계 13:1} 요한계시록 17장 12절에 이 열 뿔은 열 왕을 의미하는데, 아직 나라를 얻지 못하였으나 단지, 짐승과 함께 임금처럼 권세를 한때 받을 것이라고 설명합니다.

그렇다면 마지막 때에 적그리스도와 더불어 한때 권세를 받아 왕권을 갖고 통치할 '열 뿔'혹은 열 왕, 열 개의 나라은 무엇을 의미하겠습니까? 이에 대해 살펴보겠습니다.

3. 열 뿔과 열 왕 그리고 뉴 월드 오더

1) 열 뿔과 열 왕에 대한 네 가지 해석과 견해

다니엘 2장에 등장하는 철과 진흙이 섞인 열 개의 발가락과 다니엘 7장에 등장하는 열 뿔 가진 짐승이 장차 로마제국에서 등장할 열 개의 나라를 상징한다는 데는 대부분 신학자의 의견이 일치합니다. 하지만 여기에서 묘사하는 로마제국이 구체적으로 어떤 나라를 의미하느냐에 대해서는 아래의 몇 가지로 의견이 나뉩니다.

① 열 뿔은 '유럽연합'이다.

어떤 이들은 이 로마제국이 'A.D. 476년에 멸망한 유럽'을 의미한다고 보고, 장차 유럽연합에서 등장할 열 개의 나라가 바로 다니엘 7장에서 말하는 '열 뿔'이라고 주장합니다. 문제는 현재 유럽 연합에 가입한 나라의 수가 스물일곱 개에 이른다는 사실입니다. 이 사실은 유럽연합을 열 뿔로 특정하기에는 무리가 있다는 뜻입니다.

② 열 뿔은 '이슬람' 국가들이다.

앞으로 등장할 열 개의 나라, 이 '열 뿔'이 의미하는 것이 서로마 지역에서 일어날 유럽연합이 아니라, A.D. 1453년에 멸망한 동로마 제국에서 일어날 열 개의 나라라는 주장이 있습니다. 이곳은 바로 바벨론과 페르시아가 일어났던 땅이요, 현재 이스라엘과 기독교 세력을 진멸하려고 애쓰는 이슬람 세력이 자리 잡고 있는 곳입니다. 그 지역에서 일어난 이란 · 이라크 · 이집트 · 터키 등을 포함한 열 개의 이슬람 국가가 만든 나라가 바로 열 뿔이요, 이슬람 세력을 등에 업고 등장하는 열두 번째 이맘이 곧 '적그리스도'가 될 것이라는 주장입니다.

③ '동로마'와 '서로마'(각 다섯 개국)에서 등장할 열 개의 나라다.

세 번째는 다니엘 2장에 소개된 신상의 철로 된 두 다리가 바로 동로마와 서로마로 갈라진 로마제국을 상징하는데, 이 두 다리에 각각 다섯 개의 발가락을 가진 두 발이 있었던 것처럼, 마지막 열 개국은 동로마와 서로마를 대표하는 각 다섯 개국이 합쳐진 나라라는 주장입니다. 유럽을 대표하는 다섯 개국과 이슬람을 대표하는 다섯 개국을 합친 나라가 열 뿔이라고 주장합니다.

④ 앞으로 세워질 '세계정부'가 성경에서 말하는 열 뿔이다.

위의 세 의견 모두는 열 뿔이 등장하는 로마제국을 '지역 개념'으로 한정지어 해석함으로 나온 견해입니다. 로마제국을 서로마로 볼 것이냐, 동로마로 볼 것이냐, 아니면 두 지역 모두를 포함하는 지역으로 볼 것이냐에 따라 이렇게 세 가지의 서로 다른 의견이 나옵니다. 하지만 이 로마제국을 지역이 아니라, 통치 개념으로 살펴보면 열 뿔로 상징되는 적그리스도의 나라를 좀 더 넓은 시각으로 이해할 수 있습니다.

세계를 통치하던 옛 로마제국의 영광, 더 넓게는 창세기 11장에 등장하는 최초의 세계정부인 바벨론 제국^{바벨탑}의 영광을 재현하려는 세력들이 있습니다. 일루미나티 · 프리메이슨 · 예수회와 같은 이들이 현재 만들어 가려고 애쓰는 세상의 모습^{NWO}을 보면 앞으로 세워질 열 뿔로 상징되는 적그리스도의 나라를 이해할 수 있다는 의견입니다.

이들은 지난 1973년, 프리메이슨의 하부 조직인 '로마클럽'을 통해 앞으로 세워질 세계정부의 비전을 소개한 적이 있습니다. 바로 세계를 열 개 지역으로 나누어 지역마다 대표^왕를 선출^{또는 파견}하고 이 모든 지역을 '통치할' 세계의 대통령을 세워 세계정부를 완성한다는 구상입니다.

이러한 저들의 계획은 지난 2009년에 반기문 유엔 사무총장

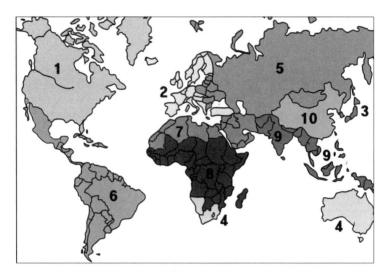

1973년 로마클럽에서 발표한 세계정부 수립 계획
세계를 열 개의 지역으로 나누어 열 개의 연방이 결합한 세계정부를 만든다는
구상을 내놓았다. 이 계획에 따라 유럽연합이 탄생했고, 조만간 미국 · 캐나다 ·
멕시코가 합쳐진 북유럽 연합이 탄생할 것으로 보고 있다.
이것이 바로 요한계시록 17장에서 예언하고 있는 '열뿔' 인가?

이 발표한 "유엔의 천년왕국 수립 목표에 대한 보고서"UN: Millennium
Development Goals에서도 다시금 확인되었습니다. 저들이 꿈꾸는 천년
왕국, 열 개의 연방으로 구성되는 세계정부가 바로 성경에서 설명
하는 열 뿔이라는 주장입니다.

다니엘 7장에서는 장차 작은 뿔로 상징되는 적그리스도가 바로
이 열 뿔 사이에서 일어날 것이요,단 7:7 그의 통치 기간이 한 때와 두
때와 반 때 즉, 3년 반이 될 것이라고 예언합니다.단 7:25 요한계시록
13장에서도 열 뿔을 가진 짐승이 마흔두 달42개월=3년 반 동안 일할 권
세를 받았다계 13:5고 증거합니다. 열 뿔로 상징되는 세계정부가 세

워진 뒤, 거기에서 이 세계정부를 통치할 왕, 즉 적그리스도가 세움을 받는다는 뜻입니다.

적그리스도는 7년 대환난이 시작되기 직전, 마치 영화 속 슈퍼맨처럼 혼란에 빠진 세상을 구원할 영웅으로 등장하여 이스라엘과 7년간의 평화협약을 맺는 것을 시작으로 공식적인 활동을 하게 될 것입니다.^{단 9:27} 아마도 이때는 미국이나 유럽연합의 대통령, 혹

정치와 경제와 종교가 통합된 세계 정부의 모습은 성경에 묘사된 적그리스도의 나라와 정확히 일치합니다. 음녀 바벨론은 '로마 바티칸'일 것으로 보고 있습니다. 조만간 세계 경제가 기울어지고, 기축 화폐의 역할을 하던 미국 달러가 무너지게 될 것입니다. 그러면 이를 대신할 세계 화폐가 등장하고 세계 경제는 '통합의 길'로 가게 될 것입니다. 경제가 통합되면, 이를 효과적으로 운영하기 위해 '전자 상거래'가 장려될 것이고, 소위 666표라고 하는 'RFID 칩'이 곧 도입될 것입니다. 우리 눈 앞에서 계시록 13장의 예언이 그대로 실현되려 하고 있습니다.

은 UN 총장의 자격으로 이를 주도할 가능성이 크며, 중동의 평화를 중재하는 역할 정도에서 그칠 것으로 보입니다.

이때부터 공식적인 활동을 시작하지만 그가 전 세계의 정치·경제·종교를 통합하여 명실상부한 세상의 왕으로 등극하기까지는 또다시 3년 반의 시간이 걸릴 것으로 보고 있습니다.

바로 이 기간에 열 뿔로 상징되는 세계정부가 완성될 것이고, 적그리스도는 이 열 뿔 가운데 세 뿔을 밀어 내서^{세 나라를 통합하고, 단 7:20} 명실상부한 세상나라의 왕이 되어 마흔두 달을 통치하다가 심판을 받고 멸망의 길을 가게 될 것입니다.

적그리스도와 그가 세운 나라가 아무리 강력해도 재림하신 그리스도와 그분이 세우실 영원한 나라를 이기지는 못할 것입니다.

²³모신 자가 이처럼 이르되 넷째 짐승은 곧 땅의 넷째 나라인데 이는 다른 나라들과는 달라서 온 천하를 삼키고 밟아 부서뜨릴 것이며 ²⁴그 열 뿔은 그 나라에서 일어날 열 왕이요 그 후에 또 하나가 일어나리니 그는 먼저 있던 자들과 다르고 또 세 왕을 복종시킬 것이며 ²⁵그가 장차 지극히 높으신 이를 말로 대적하며 또 지극히 높으신 이의 성도를 괴롭게 할 것이며 그가 또 때와 법을 고치고자 할 것이며 성도들은 그의 손에 붙인 바 되어 한 때와 두 때와 반 때를 지내리라 ²⁶그러나 심판이 시작되면 그는 권세를 빼앗기고 완전히 멸망할 것이요 ²⁷나라와 권세와 온 천하 나라들의 위세가 지극히 높으신 이의 거룩한 백성에게 붙인 바 되리니 그의 나라는 영원한 나라라 모든 권세 있는 자들이 다 그를 섬기며 복종하리라. ^{단 7:23-27}

4. 비밀결사단체와 그들의 상징

비밀결사단체가 노골적으로 활동하기 시작했습니다. 일루미나티로 대표되는 비밀결사단체는 각종 매체를 동원하여 우리 삶의 여러 영역에서 일루미나티의 상징과 어젠더를 보여 주고 있습니다. 일루미나티의 대표적인 상징으로는, 신세계질서 수립에 대한 비전을 보여 주는 1달러짜리 화폐의 피라미드와 피라미드 맨 꼭대기에서 빛을 발하는 전시안^{호루스의 눈} 그리고 성경에서 짐승의 수^{계 13:18}로 알려진 666이라고 할 수 있습니다. 그들은 대중에게 이러한 상징들

을 보여 주는 전략을 통해 자신들의 세상이 곧 도래할 것임을 선전
세뇌하고 있습니다.

A. 전시안

레이디 가가가 전시안(호루스의
눈)과 (일반인들에게 ok 사인으
로 알려진) 666 사인을 보여 주
고 있다   © 연합뉴스

B. 피라미드(피라미드와 전시안)

2012년 런던 올림픽 마스코트가
전시안과 피라미드 장식으로 만
들어져 있다.   © 연합뉴스

2부

●

휴거와 이스라엘에 대한
성경의 예언들

세상은 아직도 평안하다, 안전하다고 이야기하지만, 주변을 둘러보십시오. 세상 모든 영역에서 주님이 말씀하신 징조들이 일어나고 있습니다. 주님이 더디 오신다는 막연한 생각에 구원의 기회를 늦추지 마십시오. 바로 지금이 회개할 때입니다. 우리는 마지막 중에서도 정말 마지막 때를 살아가고 있기 때문입니다. 또한, 우리는 우리 각자에게 다가올 종말의 시점을 알지 못하는 연약한 인간이기 때문에 숨 쉴 수 있을 때 회개해야 합니다. 이제 머리를 들고 주님이 오실 길을 예비하며 신부단장을 해야 할 것입니다. 예수님만이 우리의 피난처가 되시기 때문입니다. 성경에 적힌 예언은 그대로 성취되었습니다. 이제 휴거 사건 이후의 예언들만이 남아 있습니다. "주님은 다시 오십니다. 그리고 곧 오십니다!"

5장

/

종말의 타임 테이블

1. 비밀스럽게 찾아오는 '휴거 사건'

[13]형제들아 자는 자들에 관하여는 너희가 알지 못함을 우리가 원하지 아니하노니 이는 소망 없는 다른 이와 같이 슬퍼하지 않게 하려 함이라 [14]우리가 예수께서 죽으셨다가 다시 살아나심을 믿을진대 이와 같이 예수 안에서 자는 자들도 하나님이 그와 함께 데리고 오시리라 [15]우리가 주의 말씀으로 너희에게 이것을 말하노니 주께서 강림하실 때까지 우리 살아 남아 있는 자도 자는 자보다 결코 앞서지 못하리라 [16]주께서 호령과 천사장의 소리와 하나님의 나팔 소리로 친히 하늘로부터 강림하시리니 그리스도 안에서 죽은 자들이 먼저 일어나고 [17]그 후에 우리 살아 남은 자들도 그들과 함께 구름 속

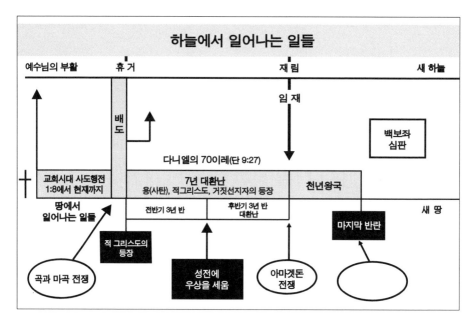

하늘에서 일어나는 일들

예수님의 부활　　휴 거　　　　　　　재 림　　　　　새 하늘

임 재

배
도

백보좌
심판

다니엘의 70이레(단 9:27)

교회시대 사도행전 1:8에서 현재까지	7년 대환난 용(사탄), 적그리스도, 거짓선지자의 등장		천년왕국
	전반기 3년 반	후반기 3년 반 대환난	

땅에서
일어나는 일들

새 땅

적 그리스도의
등장

마지막 반란

곡과 마곡 전쟁

성전에
우상을 세움

아마겟돈
전쟁

종말의 타임 테이블

으로 끌어 올려 공중에서 주를 영접하게 하시리니 그리하여 우리
가 항상 주와 함께 있으리라 [18] 그러므로 이러한 말로 서로 위로하라.

살전 4:13-18

[1]형제들아 때와 시기에 관하여는 너희에게 쓸 것이 없음은 [2]주의 날
이 밤에 도둑 같이 이를 줄을 너희 자신이 자세히 알기 때문이라 [3]그
들이 평안하다, 안전하다 할 그 때에 임신한 여자에게 해산의 고통
이 이름과 같이 멸망이 갑자기 그들에게 이르리니 결코 피하지 못하
리라 [4]형제들아 너희는 어둠에 있지 아니하매 그 날이 도둑 같이 너
희에게 임하지 못하리니 [5]너희는 다 빛의 아들이요 낮의 아들이라

우리가 밤이나 어둠에 속하지 아니하나니 [6]그러므로 우리는 다른 이들과 같이 [7]자지 말고 오직 깨어 정신을 차릴지라 자는 자들은 밤에 자고 취하는 자들은 밤에 취하되 [8]우리는 낮에 속하였으니 정신을 차리고 믿음과 사랑의 호심경을 붙이고 구원의 소망의 투구를 쓰자 [9]하나님이 우리를 세우심은 노하심에 이르게 하심이 아니요 오직 우리 주 예수 그리스도로 말미암아 구원을 받게 하심이라 [10]예수께서 우리를 위하여 죽으사 우리로 하여금 깨어 있든지 자든지 자기와 함께 살게 하려 하셨느니라 [11]그러므로 피차 권면하고 서로 덕을 세우기를 너희가 하는 것 같이 하라. 살전 5:1-11

1) 성경은 '휴거'를 무엇이라고 말하는가?

'끌 휴'携, '들 거'擧 자를 합하여 부르는 '휴거'携擧, 들림, Rapture는 성경에서 문자 그대로 사용하고 있는 단어는 아닙니다. 하지만 예수님이 공중 재림하실 때에 순결한 신부들을 부르시는 방법을 묘사하는 가장 적절한 용어라고 생각해서 사람들이 흔히 사용합니다.

데살로니가전서 4장 17절은

휴거
예수님이 공중 재림하실 때에 순결한 신부들을 부르시는 방법으로 예수님께서 택함받은 성도들을 데려가서, 당신이 예비하신 처소로 영접하는 사건입니다. 휴거 사건으로 성도들은 부활의 영광스러운 모습으로 변화되어 영원히 주님과 함께하게 될 것입니다.
데살로니가전서 4장 17절에서는 "그 후에 우리 살아 남은 자들도 그들과 함께 구름 속으로 '끌어 올려' 공중에서 주를 영접하게 될 것"이라고 말씀하고 있습니다.

"그 후에 우리 살아 남은 자들도 그들과 함께 구름 속으로 '끌어 올려'caught up 공중에서 주를 영접하게 될 것"이라는 말씀으로 휴거사건을 묘사합니다. 이 말씀 구절에서 '끌어 올린다'라는 단어를 한자로 표현한 것이 휴거입니다. 요즘에는 과거 다미 선교회 사건에서 비롯된 휴거에 대한 거부감 때문인지 우리말로 '들림'이라는 용어를 사용하는 모습도 자주 보게 됩니다. 그런데 간혹 이 휴거나 들림이라는 단어가 성경 어디에 나오느냐며 묻거나 따지는 분들이 있습니다. 신약성경에는 이 휴거 사건을 묘사하는 몇몇 중요한 말씀이 등장합니다. 성경에서는 '데려감'이라는 단어를 사용하기도 합니다. 성경에서 직접 그 답을 찾아보겠습니다.

① 감람산 강화가 기록된 마태복음 24장에서는 이 휴거 사건을 택함 받은 자들을 데려가는(remove) 사건으로 묘사합니다.

[40]그 때에 두 사람이 밭에 있으매 한 사람은 데려가고 한 사람은 버려둠을 당할 것이요 [41]두 여자가 맷돌질을 하고 있으매 한 사람은 데려가고 한 사람은 버려둠을 당할 것이니라. 마 24:40-41

② 요한복음 14장에서는 휴거 사건을 주님이 예비하신 처소로 영접(reception)하는 것으로 묘사합니다.

[1]너희는 마음에 근심하지 말라 하나님을 믿으니 또 나를 믿으라 [2]내

아버지 집에 거할 곳이 많도다 그렇지 않으면 너희에게 일렀으리라 내가 너희를 위하여 거처를 예비하러 가노니 ³가서 너희를 위하여 거처를 예비하면 내가 다시 와서 너희를 내게로 영접하여 나 있는 곳에 너희도 있게 하리라. 요 14:1-3

③ 고린도전서 15장에서는 휴거 사건을 주님께서 성도들을 변화시키는(reform), 혹은 부활케(resurrect)하는 사건으로 묘사합니다.

⁵¹보라 내가 너희에게 비밀을 말하노니 우리가 다 잠 잘 것이 아니요 마지막 나팔에 순식간에 홀연히 다 변화되리니 ⁵²나팔 소리가 나매 죽은 자들이 썩지 아니할 것으로 다시 살아나고 우리도 변화되리라 고전 15:51-52

④ 데살로니가전서 4장에서는 휴거 사건을 그리스도께서 그의 택하신 성도들과 함께(reunite)하는 사건으로 묘사합니다.

¹⁶주께서 호령과 천사장의 소리와 하나님의 나팔 소리로 친히 하늘로부터 강림하시리니 그리스도 안에서 죽은 자들이 먼저 일어나고 ¹⁷그 후에 우리 살아 남은 자들도 그들과 함께 구름 속으로 끌어 올려 공중에서 주를 영접하게 하시리니 그리하여 우리가 항상 주와 함께 있으리라. 살전 4:16-17

휴거 사건rapture은 예수님께서 택함받은 성도들을 데려가 remove, 당신이 예비하신 처소로 영접하는receive 사건입니다. 휴거 사건으로 성도들은 부활의 영광스러운 모습으로 변화되어 reform, resurrect 영원히 주님과 함께reunite하게 될 것입니다.

2) 휴거와 나팔절은 어떤 관계가 있는가? [30]

① 휴거와 나팔절의 상관관계

이스라엘의 3대 절기라고 하면, '유월절'과 '오순절' 그리고 '나팔절', 이 세 가지를 손꼽을 수 있습니다. 이 절기들은 예수님의 구속사와 밀접한 연관이 있습니다. 이 중에서 유월절은 예수님의 십자가 사건을 예표하고 있습니다. 두 번째 절기인 오순절에는 마가의 다락방에 성령이 강림하심으로 그리스도의 몸 된 교회가 탄생하였습니다. 유월절과 오순절이 봄에 지키는 절기인 것과 구별되게, 나팔절은 가을에 지키는 절기로서 교회의 '휴거 사건'을 예표하는 것으로 알려져 있습니다.

휴거 사건을 직접 언급하는 고린도전서 15장에서는 우리가 "마지막 나팔에 순식간에 홀연히 다 변화되리니"고전 15:51라고 하셨고, 본문 16절에서는 "주께서 호령과 천사장의 소리와 하나님의 나팔

---

30 뒤에서 상세히 다룰 것입니다.

소리로 친히 하늘로부터 강림하시리니"라고 말씀합니다. 휴거 사건이 나팔, 즉 이스라엘의 3대 절기 가운데 하나인 나팔절과 연관이 있음을 짐작할 수 있습니다.

이스라엘의 나팔절은 히브리어로 '로쉬 하샤나'라고 하는데, 이 시기에는 나팔을 백 번 부는 것이 관례입니다. 이스라엘 민족은 나팔절에 각기 다른 의미를 가진 백 번의 나팔 소리를 내는데, 맨 마지막에 가장 웅장하고 길게 부는 나팔 소리를 '테키아 하가돌'Tekiah Ha'Gâdôl, הַתְּקִיעָה-הַגְּדוֹלָה이라고 합니다. 이는 '하나님의 음성'을 상징하는 것으로 알려져 있습니다.

고린도전서 15장 51절에서 말씀하는 "마지막 나팔"과 본문 16절에서 말씀하는 "하나님의 나팔"이 바로 나팔절에 부는 마지막 나팔 소리인 '테키아 하가돌'입니다.

공식적으로 이스라엘의 나팔절은 새해가 시작되는 절기이기도 합니다. 한 해가 끝나고 새로운 해가 시작되는 시점이 바로 나팔절입니다. 오순절 성령 강림 사건으로 시작한 교회의 시대, 은혜의 시대는 교회의 휴거 사건으로 일단락되고, 그 후에는 7년 대환난이라고 하는 어려운 시기가 이 땅에 찾아올 것입니다.

3) 누가 휴거되는가?

① 휴거의 대상: 그리스도 안에서(살전 4:16-17)

데살로니가전서 4장 16-17절에는 이 휴거 사건에 참예할 자들을 설명하는 말씀이 등장합니다. "그리스도 안에서 죽은 자들이 먼저 일어나고 그 후에 우리 살아 남은 자들도 그들과 함께 구름 속으로 끌어 올려 공중에서 주를 영접하게 하시리니." 예수님이 공중 재림하실 때, 휴거 사건에 참예하는 자들은 그리스도의 신부인 '교회'로 제한될 것입니다. '그리스도 안에서' 죽은 자들과 살아남은 자들이 휴거된다는 말씀이 바로 그 뜻입니다.

휴거 사건은 신랑 되신 '예수님'이 혼인예식^{어린 양의 혼인잔치}을 위해 그의 신부인 '교회'를 예비하신 처소^{환난 날의 피난처, 영생의 집}로 데려가는 사건입니다. 예수님은 7년 대환난이 시작되기 직전에 미리 준비한 처소로 신부들을 데리고 가십니다. 그리고 휴거되지 못하고 남은 자들은 엄청난 환난을 겪게 될 것입니다. 그래서 휴거 사건의 대상은 '그리스도 안에서 죽은 자들과 살아남은 자들', 곧 교회로 한정됩니다.

4) 어디로 어떻게 휴거되는가?

① 휴거의 장소와 방법: 공중에서 주를 영접하리라(살전 4:17)

데살로니가전서 4장 17절은 휴거를 '우리가 구름 속으로 끌어올려져 공중에서 주를 영접하는 사건'으로 묘사합니다. 그래서 휴거 사건을 예수님의 '공중 재림 사건'이라고도 표현합니다. 공중 재림

^{휴거} 사건은 예수님이 7년 대환난의 마지막 순간에 감람산으로 내려오셔서^{슥 14:4} 적그리스도의 군대와 세상 나라를 심판하실 '지상 재림 사건'과 명확히 구분되는 사건입니다.

예수님의 초림 사건은 예수님의 탄생과 공생애, 십자가의 죽음과 부활·승천까지를 포함한 사건을 의미합니다. 따라서 초림은 단번에 일회성으로 일어난 사건이 아니라, 33년 동안 시간 간격을 두고 차례로 일어난 사건입니다. 따라서 예수님의 탄생만이 초림 사건의 전부라고 생각해서는 안 됩니다.

초림의 사건과 마찬가지로, 성경에서 설명하는 '재림의 사건' 또한, 한 번에 일어나는 사건이 아니라, 일정 기간을 두고 진행되는 일련의 사건 모두를 포함하게 될 것입니다. 본문에서 설명하는 공중 재림^{휴거} 사건과 그 후에 펼쳐질 7년 대환난 그리고 7년 대환난의 끝에 찾아올 지상 재림 사건과 천년왕국의 시작까지가 모두 '재림'의 사건입니다.

그리고 예수님의 초림 사건이 베들레헴 탄생 사건에서 시작되었듯이, 재림 사건도 이 땅에 본격적인 환난과 심판을 내리시기 전에 그리스도의 신부인 교회를 데려가는 공중 재림, 바로 휴거 사건에서부터 시작될 것입니다.

5) 언제 휴거되는가?

① 휴거의 시기: 밤에, 도둑 같이 오리라(살전 5:1-2).

데살로니가전서 5장 1-2절에는 "형제들아 때와 시기에 관하여는 너희에게 쓸 것이 없음은 주의 날이 밤에 도둑 같이 이를 줄을 너희 자신이 자세히 알기 때문이라."는 말씀이 있고, 예수님께서도 친히 "그날과 그 때를 알지 못하느니라."마 25:13 후고 하셨습니다.

그러기에 하나님 외에는 아무도 알 수 없다고 하신 날짜와 시간을 누군가가 안다고 주장한다면 그는 100% 이단입니다. 20년 전에 이장림이 만든 다미 선교회가 1992년 10월 28일에 예수님이 오신다고 주장해서 한국교회 안팎을 떠들썩하게 뒤집어놓은 적이 있습니다. 당시에 다미 선교회를 이끌던 거짓 목자 이장림은 그해 10월 28일에 먼저 휴거 사건이 일어날 것이고, 그다음 해인 1993년부터는 7년 대환난이 시작될 것이며, 2000년이 되면 예수님이 지상 재림하셔서 그때부터 천년왕국이 시작된다고 주장했습니다. 심지어 다미 선교회에서 기도하던 아이들마저도 예수님께 직접 이에 대한 계시를 받았다고 주장하면서 사람들을 미혹했습니다.

예수님도 알 수 없다고 하신마 24:36 종말휴거의 날과 시간을 자신들이 안다고 주장했으니, 그들은 이단이 분명합니다. 그들처럼, 종말의 날짜를 정해놓고 이날에 종말의 사건휴거이 있다고 주장하는 자들을 우리는 '시한부 종말론자'라고 부릅니다. 이는 종말의 '시한'을 정해 놓고 기다리는 자들이라는 뜻입니다.

시한부 종말론은 종말의 시한을 못 박아 놓고 그날에 예수님이 오신다고 주장합니다. 따라서 시한부 종말론은 교회가 경계해야 할 이단 사설입니다. 하지만 휴거와 종말에 대한 메시지를 전하는 사람 모두를 시한부 종말론자로 몰아가는 태도는 시한부 종말론 못지 않게 잘못된 것입니다. 이러한 시한부 종말론자와 성경에서 말씀하는 '휴거와 종말에 대해 전하는 사람'을 혼동해서는 안 됩니다. 만일 이 둘을 혼동한다면 그는 자신이 '시한부 종말론'이라는 단어의 의미조차 제대로 모른다는 사실을 드러내는 사람입니다.

성경 66권 전체 중에 27%가 '예언'과 관련된 말씀입니다.[31] 이 예언에 대한 말씀 가운데 약 3분의 1은 '초림'에 관한 예언이고, 3분의 2는 '종말과 재림'에 관한 예언이라고 알려져 있습니다. 즉 이러한 사실을 통해서 성경의 약 5분의 1에 해당하는 약 20%가 종말과 재림에 관한 예언들을 다루고 있음을 알 수 있는데, 그럼에도 이 예언에 대한 말씀을 연구하고 가르치지 않는 행위는 사실상 말씀을 가르치는 자의 직무유기라고 하겠습니다.

그런데 안타깝게도 1992년의 다미 선교회 사건 이후로 한국교회 안에서는 종말론에 대한 논의 자체가 아예 사라져 버리고 말았습니다. 다미 선교회가 휴거 사건에 대하여 휴거 날짜를 몇 차례 바꾸며 계속 말을 뒤집는 바람에 소위 양치기 소년 효과 때문에 사람들은 휴거라고 하면 아예 말도 꺼내지 못하게 합니다. 그 결과, 성경에서 말하는 예언들이 지금 우리 눈앞에서 버젓이 실현되고 있는데도 말씀을 가르치는 목회자들조차도 종말에 대한 성경의 예언들을 전하지도, 깨닫지도 못하고 있습니다. 그들은 성경의 예언들에 대한 명확한

---

31 http://www.konig.org/wc24.htm

지식이 없으므로 시대의 징조들을 보면서도 좀처럼 말씀을 깨닫지 못하고 있습니다. 또한 영적으로 잠들어 있기에 시대의 징조를 알려고도 하지 않고, 징조를 보면서 시대를 분별하려는 사람들을 오히려 비난하며 비아냥거리거나 꾸짖기까지 합니다. 지금은 성도들을 향하여 평안하다, 안전하다며 말씀을 전할 때가 아닙니다. 여전히 축복과 번영과 교회의 부흥을 외치며 성도들을 죽음의 길로 몰아가는 삯군 목자가 설교하는 교회에 다니고 계신다면, 이제 그곳에서 어서 나오셔야 합니다. 지금은 깨어서 신부단장을 해야 할 때입니다.

6) 휴거는 정말 비밀스러운 사건인가?

① 갑자기(suddenly) 이를 것입니다(살전 5:3).

그들이 평안하다, 안전하다 할 그 때에 임신한 여자에게 해산의 고통이 이름과 같이 멸망이 갑자기 그들에게 이르리니 결코 피하지 못하리라. 살전 5:3

여기서 평안을 의미하는 헬라어 εἰρηνη에이레네는 '마음의 평온'을, 안전을 의미하는 단어 ἀσφαλεία아스팔레이아는 '외부의 위협에 대한 안전'을 의미합니다.[32] 이는 마치 잉태한 여자에게 해산의 고통이 이르는 것처럼 사람들 대부분은 외부로부터의 어떤 위협이나 어떤 위기감도 느끼지 못한 상태에서 갑자기 종말의 날을 맞이하게 된다는 뜻입니다.

앞에서 살핀 것처럼, 예수님의 재림 사건은 휴거 사건으로 시작될 것입니다. 그런데 문제는 이 휴거 사건이 사람들 대부분이 평안하다, 안전하다고 느낄 때에 찾아올 것이라는 사실입니다. 마치 여인에게 해산의 고통이 시작되는 것처럼 어느 날 '갑자기', 갑작스러운 순간에 찾아오게 될 것입니다. 한밤중에 쓰나미가 밀려오듯이 갑자기 찾아오기에 미리 깨어서 준비하지 않은 자들은 휴거 사건 이후에 펼쳐질 재앙과 심판을 절대 피할 수 없습니다. 오직 깨어서 신랑이 오기를 준비한 신부만이 선택을 받고 들려 올라갈 것입니다. 그러므로 늘 말씀과 기도로 무장하고 긴장하며 깨어 있어야 합니다.

7) 휴거 사건 전 나타나는 징조는?

① 너희에게는 도둑 같이 임하지 못하리라(살전 5:4-5).

---

32 강병도 편, 『호크마 종합주석 신약 8 에베소서-빌레몬서』(서울 : 기독지혜사, 1994), p.350.

세상 사람에게는, 또 영적으로 잠자고 있는 교인들에게는 휴거 사건이 도둑 같이 임할 것입니다. 하지만 어둠에 있지 아니한 성도들에게는 그날이 도둑 같이 임하지 못할 것이라고 합니다. 그들은 그 시기를 알고 깨어 있기 때문입니다.

휴거 사건이 일어날 구체적인 날짜와 시간은 누구도 알 수 없습니다. 하지만 빛의 자녀들[5절]에게는 그날이 도둑 같이 임하지 못할 것입니다. 왜 그러한 일이 가능할까요? 빛의 자녀들은 성경에서 예언하는 하나님의 말씀이 실현되는 모습을 보면서 그날이 임박했음을 깨달을 수 있기 때문입니다.

성경은 우리에게 여러 말씀을 통해 종말의 때에 있을 일들을 경고하고 있습니다. 감람산 강화에서 예수님은 종말의 때가 되면, 처처에 전쟁과 지진과 기근과 온역의 소식이 있을 것이요, 일월성신에 징조가 있을 것이라고 밝히 말씀하십니다. 또한, 거짓 그리스도와 거짓 선지자가 많이 일어날 것이고, 성도들에 대한 증오와 핍박이 있을 것이라고 경고하셨습니다. 데살로니가후서 2장 3절에서는 많은 교회가 배도의 길을 가게 될 것이라고 말씀하십니다. 그런가 하면 다니엘 12장 4절에서는 "많은 사람이 빨리 왕래하며 지식이 더하리라."고도 하셨습니다. 종말의 때는 교통과 정보가 발달된 시대가 될 것이라는 말씀입니다.

하지만 이런 예언들보다도 종말의 때가 임박했음을 판단할 수 있는 가장 확실한 증거는 성경에서 무화과나무로 비유되는 '이스라엘'의 모습입니다. 이스라엘의 회복과 재건을 지켜본다면 그 세대가 바로 '종말의 세대'[마 24:32]입니다. 성경은 마지막 때가 되면, 이스라엘 민족이 고토[옛 이스라엘 땅, 약속의 땅]로 돌아와 나라를 재건할 것이라 했고, 나라를 재건한 뒤에는 이스라엘이 열방을 혼취하게 하는 잔이 될 것이요, 무겁게 하는 돌이 될 것이라고 했습니다.

지금 중동에서 벌어지고 있는 상황이 이와 같습니다. 이제 조만간 성경에서 예언하는 '곡과 마곡의 전쟁'[겔 38-39장]이 일어나게 되면, 이스라엘을 대적하던 이슬람 세력들이 무너지고, 이스라엘은 모슬렘의 성전을 허물고 지금 이슬람 성전이 서 있는 바로 그 자리에 그토록 갈망해 온 제3성전을 재건하게 될 것입니다. 그리고 이 성전 재건을 기점으로 성경에서 예언하는 7년 대환난이 시작될 모든 준비가 끝나게 됩니다.

따라서 성경의 말씀들을 깨닫고 이 예언이 실현되는 시대의 징조들을 바라보고 살아가는 자들에게는, 절대 그날이 도적과 같이 임할 수 없습니다. 종말에 대한 성경의 예언들이 하나씩 성취되는 모습을 통해서 주님 오실 날이 멀지 않았음을 알 수 있기 때문입니다.

8) 휴거되기 위한 신부 단장, 어떻게 해야 하는가?

① 깨어 근신하라(살전 5:6,9).

사도 바울은 모든 사람이 평안하다, 안전하다고 할 때에 갑자기

suddenly 종말의 사건휴거이 찾아올 것이라고 경고하면서, 주의 오심을 소망하는 성도들에게 마지막 권면과 위로의 말씀을 주십니다.

먼저, "오직 깨어 정신을 차릴지라.살전 5:6 후"고 하십니다. 우리는 늘 깨어 있어야 합니다. 그러기 위해서는 말씀과 기도 생활이 습관화되어 있어야 합니다. 우리의 영을 깨우는 것은 오직 말씀과 기도이기 때문입니다. 말씀과 기도로 깨어 시대의 징조를 분별하고, 잠자는 자들을 일깨우는 '파수꾼'의 사명을 기꺼이 감당해야 합니다.

둘째, 근신하라고 하십니다. 절제하라는 뜻입니다. 부끄럽지 않은 모습으로 주님을 맞이하기 위해 근신해야 합니다. 술 취하고 방탕한 모습으로 주님을 맞이해서는 안 됩니다. 모든 일에 절제하고 맡겨진 일에 충성하는 모습으로 주님을 맞이해야 합니다.

셋째, "하나님이 우리를 세우심은 노하심에 이르게 하심이 아니요 오직 우리 주 예수 그리스도로 말미암아 구원을 받게 하심이라"살전 5:9고 하십니다. 여기서 '노하심'에 해당하는 헬라어 ὀργην 오르겐은 예수님의 지상 재림parousia 직전에 있을 환난과 심판 즉, 7년 대환난을 의미합니다.[33] 택함받은 성도들을 위해 예비하신 것은 노하심, 즉 7년 대환난이 아니라, 노아나 롯과 같이 환난과 심판 이전에 안전한 도피처로 인도하셔서 '구원'에 이르게 하는 것입니다.

바로 이 구원의 소망, 구체적으로는 7년 대환난이 시작되기 전에 공중으로 들림받는 '휴거의 소망'이 있기 때문에 종말의 때를 사

---

33 강병도, op. cit., p.351.

는 성도들이 갖는 소망은 '복스러운 소망'^{딛 2:13}입니다.

성도들을 위한 하나님의 계획은 구원이지, 진노와 심판이 아닙니다. 은혜의 시대를 사는 성도들에게 주신 소망은 복스러운 소망인 혼인예식이지, 노하심에 이르는 7년 대환난이 아닙니다. 그러기에 우리가 종말의 때를 살면서도 예수님께서 속히 오시기를 소망하는 '마라나타'^{maranatha, 주 예수여 오시옵소서!}로 인사를 나누며 그날을 기다리는 것입니다.

요약 1. 비밀스럽게 찾아오는 '휴거 사건'

곧 다가올 복스러운 소망, 휴거(부활)의 진실

이스라엘의 3대 절기는 봄의 '유월절'과 '오순절', 그리고 가을의 '나팔절'입니다. 유월절은 예수님의 십자가 사건을 예표합니다. 마가의 다락방에 성령이 강림하신 오순절 날에는 교회가 탄생했습니다. 특별히 교회의 '휴거 사건'을 예표하는 나팔절은 휴거 사건과 관련됩니다. 이 세 절기는 모두 예수님의 구속사와 밀접한 연관이 있습니다.

새해가 시작되는 절기이기도 한 이스라엘의 나팔절인 '로쉬 하샤나'가 되면 나팔절을 알리는 각기 다른 의미를 가진 나팔 소리를 백 번 냅니다. 가장 웅장하고 길게 부는 맨 마지막 나팔 소리인 '테키아 하가돌'(Tekiah Ha' Gâdôl, הַגָּדוֹל תְקִיעָה)은 '하나님의 음성'을 상징하는 나팔(하나님의 나팔) 소리입니다.

예수님의 초림 사건은 예수님의 탄생과 공생애, 십자가의 죽음과 부활·승천까지를 모두 포함한 사건입니다. 예수님의 재림 사건은 이 땅에 본격적인 환난과 심판을 내리시기 전에 그리스도의 신부인 교회를 데려가시는 '공중 재림'(휴거) 사건을 시작으로 '7년 대환난', '지상 재림' 사건을 거쳐 '천년왕국의 시작'으로 끝이 납니다.

'시한부 종말론'은 교회가 경계해야 할 이단 사설입니다. 하지만 휴거와 종말에 대한 메시지를 전하는 사람 모두를 '시한부 종말론자'로 몰아가는 태도는 잘못된 것입니다. 성경 66권 전체 중에 27%가 '예언'이기 때문입니다. 이 중 약 3분의 1은 '초림', 3분의 2는 '종말과 재림'에 관한 예언입니다. 따라서 성경의 약 5분의 1(20%)은 종말과 재림에 관한 예언입니다. 그럼에도 이 예언에 대한 말씀을 연구하고 가르치지 않는 행위는 사실상 말씀을 가르치는 자의 '직무유기'

입니다.

예수님의 재림 사건은 사람들 대부분이 평안하다, 안전하다고 느낄 때에 휴거 사건으로 시작될 것입니다. 따라서 갑자기 종말의 날을 맞이한 많은 사람이 그 때에 두려워 떨 것입니다.

세상 사람과 잠든 교인에게는 휴거 사건이 도둑 같이 임할 것입니다. 하지만 빛 의 자녀들은 예언의 말씀들이 실현되는 모습을 보면서 그날(종말)이 임박했음 을 깨달을 수 있습니다. 가장 확실한 증거는 성경에서 무화과나무로 비유되는 '이스라엘'의 모습입니다. 이스라엘의 회복과 재건을 지켜본다면 '종말의 세대' 입니다. 곡과 마곡의 전쟁(겔 38-39장), 이슬람 세력들의 무너짐, 모슬렘 성전 을 허물고 이스라엘이 제3성전을 재건하는 시기에 7년 대환난은 시작될 것입 니다.

매일 기도와 말씀으로 죄를 씻고 근신하고 절제해야 합니다. 하나님은 노아나 롯의 때와 같이 환난과 심판 이전에 택함받은 자를 위해 구원이라는 안전한 도 피처로 성도를 인도하십니다. 이 구원의 소망, 즉 7년 대환난 전에 공중으로 들 림받는 '휴거의 소망'이 있어서 종말의 때를 사는 성도들이 갖는 소망은 '복스 러운 소망'입니다.

2. 성도의 영광스러운 부활, 휴거

¹²그리스도께서 죽은 자 가운데서 다시 살아나셨다 전파되었거늘 너희 중에서 어떤 사람들은 어찌하여 죽은 자 가운데서 부활이 없다 하느냐 ¹³만일 죽은 자의 부활이 없으면 그리스도도 다시 살아나지 못하셨으리라 ¹⁴그리스도께서 만일 다시 살아나지 못하셨으면 우리가 전파하는 것도 헛것이요 또 너희 믿음도 헛것이며 ¹⁵또 우리가 하나님의 거짓 증인으로 발견되리니 우리가 하나님이 그리스도를 다시 살리셨다고 증언하였음이라 만일 죽은 자가 다시 살아나는 일이 없으면 하나님이 그리스도를 다시 살리지 아니하셨으리라 ¹⁶만일 죽은 자가 다시 살아나는 일이 없으면 그리스도도 다시 살아나신 일이 없었을 터이요 ¹⁷그리스도께서 다시 살아나신 일이 없으면 너희의 믿음도 헛되고 너희가 여전히 죄 가운데 있을 것이요 ¹⁸또한 그리스도 안에서 잠자는 자도 망하였으리니 ¹⁹만일 그리스도 안에서 우리가 바라는 것이 다만 이 세상의 삶뿐이면 모든 사람 가운데 우리가 더욱 불쌍한 자이리라 ²⁰그러나 이제 그리스도께서 죽은 자 가운데서 다시 살아나사 잠자는 자들의 첫 열매가 되셨도다. 고전 15:12-20

⁵¹보라 내가 너희에게 비밀을 말하노니 우리가 다 잠 잘 것이 아니요 마지막 나팔에 순식간에 홀연히 다 변화되리니 ⁵²나팔 소리가 나매 죽은 자들이 썩지 아니할 것으로 다시 살아나고 우리도 변화되리라 ⁵³이 썩을 것이 반드시 썩지 아니할 것을 입겠고 이 죽을 것이 죽지

아니함을 입으리로다. _{고전 15:51-53}

성경에 계시된 하나님의 말씀 가운데 우리의 '구원'과 관계된 가장 중요한 말씀을 '복음'이라고 합니다. 그런데 이 복음은 하나님이 보내신 구세주 예수 그리스도에 대한 소식입니다. 즉 예수 그리스도의 탄생과 죽음, 그리고 부활, 승천, 재림 이렇게 다섯 가지로 설명할 수 있습니다. 그리고 이 다섯 가지 사건이 성경의 핵심이라고 할 수 있습니다. 구체적으로 구약성경은 이것에 대한 예언의 말씀이고, 신약성경은 이러한 예언들이 예수 그리스도를 통해 어떻게 성취되는지를 보여 주기 위해 기록된 말씀입니다. 그런데 이 다섯 가지 복음 가운데에서 더 중요한 것을 고른다면 십자가와 부활의 복음이라고 할 수 있습니다. 십자가와 부활, 이것이 기독교 신앙의 두 기둥입니다.

마태복음 28장 5-6절에 보면 부활의 아침에 예수님의 무덤을 찾아온 여인들에게 천사들이 나타나 기쁜 소식을 전해 줍니다.

> ⁵천사가 여자들에게 말하여 이르되 너희는 무서워하지 말라 십자가에 못 박히신 예수를 너희가 찾는 줄을 내가 아노라 ⁶그가 여기 계시지 않고 그가 말씀 하시던 대로 살아나셨느니라 와서 그가 누우셨던 곳을 보라." _{마 28:5-6}

천사들이 전해 준 기쁜 소식이란 다름 아닌 예수님의 십자가와 부활에 대한 소식이었습니다. 십자가와 부활의 소식이 곧 기쁜 소식, 복음입니다.

예수님의 '십자가와 부활의 사건'이 복음인 이유는, 이 두 사건이 '구원'의 근거가 되기 때문입니다. 예수님은 십자가 위에서 흘리신 피의 언약으로 죄인 된 우리가 죄 사함을 받고 구원받을 길을 열어놓으셨습니다. 허물과 죄로 죽을 수밖에 없는 우리 인생을 구원하시려고 예수님께서 십자가 위에서 우리의 죄를 대속代贖, the Redemption하여 돌아가셨습니다. 몸소 겪으신 십자가의 고난을 통해 구원의 길을 열어놓으신 것입니다.

우리는 흔히 구원이라는 말을 자주합니다. 그렇다면 구원이란 무엇일까요? 또 구원받은 자의 삶이란 구체적으로 어떠해야 할까요? 성경에서 말하는 구원이란, 죄의 결과로 찾아온 형벌과 저주와 죽음에서 벗어나는 것을 의미합니다. 특별히 죄의 삯으로 찾아온 사망의 고통에서 벗어나는 것을 구원이라고 설명합니다.

창세기에 보면 본래 인간은 죽지 않고 영생하도록, 즉 영원히 살도록 지음받은 존재임을 알 수 있습니다. 에덴동산에는 이 땅에 죽음을 가져온 선악과뿐만 아니라 생명나무 실과도 있었습니다. 생명나무는 사람이 죽지 않고 영원히 살도록 생명을 주는 나무였습니다. 그런데 아담과 하와가 하나님의 명령을 거역하고 선악과를 먹음으로써 하나님께서는 그들이 생명나무 실과로 가는 길을 막으셨습니다. 결론적으로 죽음은 인간이 죄를 지음으로 이 땅에 찾아온 저주와 형벌입니다. 그러기에 구원이란 바로 이 저주와 형벌에서 벗어나 하나님께서 본래 주신 영원한 생명, 영생을 얻는 것을 의미합니다.

"예수께서 이르시되 나는 부활이요 생명이니 나를 믿는 자는 죽어도 살겠고 무릇 살아서 나를 믿는 자는 영원히 죽지 아니하리니 이것을 네가 믿느냐."요 11:25-26라고 하신 주님의 말씀이 실현되는 것이 곧 구원입니다.

고린도전서 15장을 '부활 장'이라고 합니다. 여기에서 사도 바울은 예수님의 부활이 역사적 사건임을 증명하고, 또 예수님의 부활 사건이 지닌 신앙적인 의미를 설명합니다. 성경 본문을 통해 구체적으로 살펴보겠습니다.

1) 사도 바울은 예수님의 부활을, 부활의 '첫 열매'라고 설명합니다

²⁰그러나 이제 그리스도께서 죽은 자 가운데서 다시 살아나사 잠자는 자들의 첫 열매가 되셨도다. 고전 15:20

예수님의 부활을 '첫 열매'라고 표현한 이유는 먼저, 예수님의 다시 사심만이 참된 부활이기 때문입니다. 신구약 성경을 보면 간혹 죽은 자가 살아나는 기적의 사건들이 나옵니다. 구약에 보면 엘리사가 사르밧 과부의 죽은 아들을 살렸고, 예수님도 공생애 기간에 죽은 자를 살리는 기적을 세 번이나 나타내셨습니다. 회당장 야이로의 딸, 나인성 과부의 아들, 나사로가 바로 예수님을 통해 죽었

다가 살아나는 기적을 경험한 이들입니다. 사도 바울도 드로아에서 밤중에 전하는 자신의 설교를 듣다가 도무지 졸음을 이기지 못하고 난간에서 떨어져 숨을 거둔 청년 유두고를 살려 내는 기적을 일으킨 적이 있습니다.

그런데 이렇게 육체가 죽었다가 다시 살아나는 기적의 사건들이 영생의 몸으로 다시 사는 부활의 사건은 절대 아닙니다. 이는 엄밀히 말하면 한때 생명을 회복하는 소생의 사건일 뿐입니다. '소생'은 한때 생명을 회복하는 기적을 의미합니다. 앞에서 소개한 사람들 모두가 살아나서 한때는 생명을 회복하는 기적을 체험했지만, 하나님이 허락하신 때에 다시 이 땅에서 죽음을 맞이해야 했습니다. 부활이 아닌, 소생의 사건이었기 때문입니다.

이에 반해 부활은 영원히 죽지 않는 영광스러운 몸으로 다시 사는 것을 의미합니다. 이런 부활의 사건은 인류의 역사 속에서 단 한 번 일어났습니다. 그것이 예수님의 부활입니다. 예수님께서 다시 사신 사건만이 부활입니다. 그래서 예수님의 부활을 부활의 첫 열매라고 표현하고 있습니다.

예수님의 부활을 부활의 첫 열매라고 표현하는 두 번째 이유는 이것이 앞으로 일어날 또 다른 부활 사건의 전조가 되기 때문입니다. 첫 열매는 처음 익은 열매라는 뜻입니다. 첫 열매는 본격적인 추수가 시작되었음을 보여 주는 신호요, 계속해서 또 다른 열매들이 맺힐 것을 기대하게 하는 전조입니다. 예수님의 부활이 부활의 첫 열매라면, 장차 성도들이 얻게 될 부활은 두 번째와 세 번째 열매가 됩니다.

2) 그렇다면 성도들에게 약속된 부활의 약속은 언제 성취될까요?

성경은 휴거 사건 때에 성도들이 부활할 것이라고 말합니다.

> [51]보라 내가 너희에게 비밀을 말하노니 우리가 다 잠 잘 것이 아니요 마지막 나팔에 순식간에 홀연히 다 변화되리니 [52]나팔 소리가 나매 죽은 자들이 썩지 아니할 것으로 다시 살아나고 우리도 변화되리라 [53]이 썩을 것이 반드시 썩지 아니할 것을 입겠고 이 죽을 것이 죽지 아니함을 입으리로다. 고전 15:51-53

사도 바울은 앞으로 성도들에게 주어질 역사적인 부활의 시점을 휴거 사건이라고 말합니다. 그는 부활하신 예수님께서 천군 천사의 나팔 소리와 함께 찾아오실 때, 주를 믿고 따르는 성도들과 또 주 안에서 잠자는 자들이 홀연히 변화되어 공중에서 주님을 맞이할 것이라고 증거합니다. 따라서 휴거 사건 때에 비로소 부활에 대한 약속의 말씀이 성취될 것입니다.

예수님은 오직 십자가 사건을 통해 죄인들이 구원받는 길을 열어놓으셨고, 부활의 사건을 통해서 성도들이 얻게 될 구원영생이 구체적으로 어떤 것인가를 몸소 보여 주셨습니다. '십자가'가 구원의 수단이라면, '부활'은 구원의 목적이라고 할 수 있습니다.

우리가 "구원받았다."라고 고백할 때, 우리가 얻은 구원은 구원의 '실체'구원을 실제적으로 받은 것라기보다는 구원에 대한 '약속'을 받은 것으로 보아야 합니다. 부활의 첫 열매이신 예수님처럼 영원히 죽지 않는 '부활의 몸'으로 변화될 때, 비로소 우리는 구원의 실체를 얻게 됩니다. 우리는 마지막 나팔 때 홀연히 변화되는 휴거 사건을 통해 구원의 실체인 '부활'의 영광을 얻게 될 것입니다.

우리가 꼭 알아야 할 복음과 구원, 십자가와 부활 사건

구약성경은 예언의 말씀에 대한 기록이고, 신약 성경은 예언의 말씀이 예수 그리스도를 통해 어떻게 성취되는지에 관한 말씀입니다. 복음이란 구세주 예수 그리스도에 대한 소식입니다. 복음은 구원과 관계된 가장 중요한 말씀입니다. 따라서 예수 그리스도의 탄생과 죽음, 그리고 부활, 승천, 재림이 성경(복음)의 핵심입니다. 이 중 기독교 신앙의 두 기둥인 십자가와 부활의 소식이 기쁜 소식, 곧 복음입니다.

예수님의 '십자가와 부활의 사건'이 복음인 이유는, 이 두 사건이 '구원'의 근거가 되기 때문입니다. 죽음은 인간이 죄를 지음으로 이 땅에 찾아온 저주와 형벌입니다. 성경에서 말하는 구원이란, 죄의 결과로 찾아온 형벌과 저주와 죽음에서 벗어나는 것입니다. 특별히 죄의 삯으로 찾아온 사망의 고통에서 벗어나는 것입니다. 그 대신 하나님께서 본래 주신 영원한 생명, 영생을 얻는 것을 의미합니다.

부활은 영원히 죽지 않는 영광스러운 몸으로 다시 사는 것을 의미합니다. 이런 부활의 사건은 인류의 역사 속에서 단 한 번 일어났습니다. 그것이 예수님의 부활입니다. 그래서 예수님은 부활의 '첫 열매'(=처음 익은 열매)가 되시는 것입니다. 이는 앞으로 일어날 또 다른 부활 사건의 전조입니다. 예수님의 부활이 부활의 첫 열매라면, 장차 성도들이 얻게 될 부활은 두 번째, 세 번째 열매가 될 것입니다. 이 부활에 대한 약속은 휴거 사건 때 비로소 성취될 것입니다.

예수님은 오직 십자가 사건을 통해 죄인들이 구원받는 길을 열어놓으셨고, 부활의 사건을 통해 성도들이 얻게 될 구원(영생)이 구체적으로 어떤 것인가를 몸소 보여 주셨습니다. '십자가'가 구원의 수단이라면, '부활'은 구원의 목적입니다. 우리가 "구원 받았다."라고 고백할 때, 우리가 얻은 구원은 구원의 '실체'(구원을 실제로 받은 것)가 아니라 구원에 대한 '약속'을 받은 것입니다. 이 약속을 얻기까지 소망을 잃지 않고 끝까지 인내하는 믿음이 필요한 것입니다.

3. 휴거와 재림

종말에 대한 성경의 말씀들을 다룰 때마다 우리는 어려움을 많이 느낍니다. 그 이유는 이에 대한 신학적 견해가 다양하기 때문입니다. 내가 어떠한 신학적 견해를 갖느냐에 따라 예언적 말씀prophetic words에 대한 해석은 당연히 달라지게 마련입니다. 전제신학적 견해가 다르면 도출되는 결과예언에 대한 해석도 다릅니다. 여기에서는 종말에 대한 다양한 신학적 견해와 함께 이에 대한 필자의 의견 또한, 소개하겠습니다.

천년왕국 시점을 기준으로 본 종말론

1. 후 천년설
2. 무 천년설
 1) 자유주의적 무 천년설
 2) 보수주의적 무 천년설
3. 전 천년설: 휴거 시점을 기준으로
 1) 역사적 전 천년설(=교회의 환난 통과설)
 2) 세대주의적 전 천년설(=교회의 환난 전 휴거설) → **저자의 견해**

---

1) '천년왕국 시점'을 기준으로 볼 때[34]

먼저, 종말론은 요한계시록 20장 1절에서 6절까지에 기록된 '천 년왕국'을 어느 시점으로 보느냐에 따라 세 가지 견해로 나눕니다.

첫째는 '후 천년설'Post-millennialism입니다. 천년왕국이 끝난 뒤에 예수님의 재림이 있다고 보는 견해입니다. 후 천년설이란, 천년왕 국이 끝날 때에 예수님이 재림하신다는 뜻입니다. 후 천년설을 주 장하는 사람들은 교회 시대를 발전의 과정으로 이해합니다. 이 땅 에 복음이 전파되고, 교회를 통해 하나님의 통치가 온전히 실현되 면 예수님이 재림하신다는 것이 그들의 주장입니다.

둘째는 '무 천년설'A-millennialism입니다. 무 천년설을 주장하는 사 람들은 계시록에 소개된 천년왕국을 문자적·역사적 왕국으로 이 해해서는 안 된다고 주장합니다. 이들은 천년왕국을 상징적·비유 적 용어로 이해하자고 이야기합니다.

무 천년설은 주로 재림의 역사성을 부인하는 자유주의 신학자 가운데 팽배한 신학이론입니다. 저들은 천년왕국을 장차 예수님이 다시 오셔서 이 땅에 실현하실 역사적인 왕국으로 이해하지 않고,

---

34 강병도 편, 『호크마 종합주석 신약 10 요한일서-요한계시록』(서울: 기독지혜사, 1994), p.540-545.

단지 살아 있을 때 예수가 꿈꾸었던 '이상세계'라고 주장합니다. 과거에 예수님이 천년왕국^{이데아, 이상세계}을 꿈꾸었지만, 그 시대에 천년왕국을 실현하는 데는 실패하셨다는 것이 그들의 주장입니다. 그러기에 이제 예수의 제자 된 우리가, 예수가 꿈꾸었던 그 이상세계^{천년왕국}를 이 땅에 만들어 가야 할 책임이 있다고 이야기합니다. 이것이 '자유주의적 무 천년설'입니다.

예수님의 재림을 역사적인 사건으로 인정하는 보수주의자 가운데에도 무 천년설을 주장하는 사람들이 있는데, 이들의 학설을 '보수주의적 무 천년설'이라고 합니다. 이들은 성경에서 말하는 천년왕국을 예수님의 초림부터 재림 때까지의 모든 기간을 의미하는 상징적·비유적 표현이라고 주장합니다. 이들의 말로는 결국, 지금 우리가 사는 이 시대가 바로 천년왕국의 때이고, 이 천년왕국이 끝나는 시점에 예수님이 다시 오신다고 합니다.

셋째는 '전 천년설'^{Pre-millennialism}입니다. 이 땅에 천년왕국이 오기 전에 먼저 그리스도의 재림이 있다는 주장입니다. 이는 요한계시록 20장에 소개된 천년왕국을, 예수님이 이 땅에 실제로 오셔서 다스릴 역사적 왕국으로 이해하는 개념입니다. 예언에 대한 성경의 말씀을 비유나 상징보다는 먼저 문자적이고 역사적^{literal, historical}으로 이해하려는 입장입니다. 초림에 대한 예수님의 예언이 문자적이고 역사적으로 이루어졌듯이, 재림과 천년왕국에 대한 성경의 예언도 당연히 문자적이고 역사적으로 이해하고 해석해야 한다는 것입니다.

저는 이 중에서 마지막에 설명해 드린 '전 천년설'을 지지하는 입장입니다.

2) '휴거 시점'을 기준으로 볼 때

① '전 천년설'의 두 가지 관점

그런데 전 천년설은 '휴거의 시점을 어디로 보느냐'에 따라서 또 다시 두 가지 견해로 나뉩니다. 교회^{성도}가 천년왕국 직전에 있을 환난의 때, 즉 '7년 대환난'을 통과하며 어느 정도 고통을 겪게 되는 가? 아니면 환난을 당하기 직전에 미리 공중으로 옮겨지는 '휴거'를 통해 성도가 환난의 때를 온전히 피하게 되는가? 우리는 이러한 문제 앞에서 다시 선택의 상황에 놓이게 됩니다.

먼저, '역사적 전 천년설'Historical Pre-millennialism입니다. 역사적 전 천년설은 교회가 환난의 때를 통과할 것이라고 주장합니다. 교회가 7년 대환난의 기간을 통과하며, 7년 대환난이 끝나고 주님이 지상 재림하실 때, 휴거 사건도 '동시에' 일어난다는 주장입니다. 다시 말해, 그들의 주장은 '환난 통과설'입니다.

둘째, '세대주의적 전 천년설'Dispensational Pre-millennialism입니다. 세

대주의적 전 천년설은 흔히 '환난 전 휴거설'로 알려져 있습니다. 7년 대환난이 '시작되기 전에' 휴거 사건이 있다는 견해입니다. 7년 대환난은 하나님이 세상을 심판하시고, 이스라엘 민족을 구원하시기 위해 계획하신 시간^{한 이레}이기 때문에, 은혜의 시대를 사는 교회와는 상관이 없다는 주장입니다. 필자도 이러한 신학적 입장을 지지하는데, 제가 이러한 주장을 하게 된 근거를 아래의 글에서 구체적으로 밝히겠습니다.

3) '역사적 전 천년설'의 오류

① '7년 대환난'과 '한 이레'에 대한 오해

역사적 전 천년설^{교회의 '환난 통과설'}을 주장하는 사람들의 오류는 먼저, 7년 대환난을 잘못 이해한 데서 시작합니다.

7년 대환난은 은혜의 시대를 사는 교회를 위해 계획된 시간이 아니라, 하나님이 세상을 심판하시고 이스라엘 민족을 구원하기 위해 정해 놓으신 시간^{한 이레}입니다. 다니엘서 9장에서 말하는 70 이레의 기간의 '마지막 한 이레^{7년}의 기간'이 곧 요한계시록에서 말하는 7년 대환난입니다. 이 시기는 이스라엘 민족을 위해 주신 시간이기 때문에 은혜의 시대를 사는 교회와는 상관이 없습니다.

7년 대환난을 이스라엘 민족을 위해 작정된 '한 이레'로 보는 데는 다음과 같은 몇 가지 이유가 있습니다.

첫째, 요한계시록에 등장하는 7년 대환난의 중요한 무대^{배경}가 바로 예루살렘이라는 사실입니다.

요한계시록 11장에 보면 7년 대환난의 기간에 예루살렘에 성전이 설 것이고, 두 감람나무로 상징되는 두 증인이 바로 이 성전에서 1,260일 동안 말씀을 전할 것이라고 설명합니다. 두 사람이 전한 복음을 듣고 회개한 이스라엘 백성 가운데 지파별로 12,000명씩 인 맞은 유대인 144,000명이 또다시 전 세계로 흩어져 복음을 전하고 그 수많은 인 맞은 전도자들이 열방을 향하여 전한 복음의 말씀을 듣고 다시 각 나라와 족속과 백성과 방언에서 아무라도 능히 셀 수 없는 무리가 회개하고 구원받는 역사가 나타날 것으로 묘사되어 있습니다.[35]

7년 대환난의 기간에도 복음전파의 역사는 계속되지만, 이 복음전파의 역사는 교회가 아니라 7년 대환난에 남겨진 '회개한 이스라엘 백성을 중심으로' 이루어진다는 뜻입니다.

다니엘서 9장 26절과 마가복음 13장 14절, 데살로니가후서 2장 14절의 말씀에 비추어 보면 적그리스도를 통해 주어질 본격적인

---

35 요한계시록 7장 9절에서는 이스라엘의 12지파 가운데 이마에 인침을 받은 하나님의 종 144,000인이 소개된 직후, "이 일 후에 내가 보니 각 나라와 족속과 백성과 방언에서 아무도 능히 셀 수 없는 큰 무리가 나와 흰 옷을 입고 손에 종려 가지를 들고 보좌 앞과 어린 양 앞에 서서."라고 묘사하고 있습니다. 이스라엘 가운데 인 맞은 144,000명의 '하나님의 종들'이 만방으로 흩어져 복음을 전할 때, 수많은 이방인 가운데서도 예수를 믿고 순교한 사람들이 생겨날 것임을 묘사한 말씀입니다.

환난이 1차적으로는 먼저 유대인에게 미치게 됨을 알 수 있습니다.

"멸망의 가증한 것이 서지 못할 곳에 선 것을 보거든 ^{읽는 자는 깨달을진저} 그 때에 유대에 있는 자들은 산으로 도망할지어다."^{막 13:14}라고 예수님도 다니엘의 말씀을 인용하시며 경고하셨습니다.

'멸망의 가증한 것'^{=적그리스도의 우상}이 서지 못할 곳^{=거룩한 곳, 성전}에 선 것을 보거든, 이는 환난이 본격적으로 시작^{7년 대환난의 후반기}된 징조이니 유대에 있는 자들은 빨리 산으로 도망가라는 말씀입니다.

이렇게 시작된 환난은 결국, '적그리스도가 예루살렘을 차지하기 위해 므깃도 골짜기에서 전쟁을 벌이는 아마겟돈 전쟁'으로 끝나게 될 것입니다. 이러한 내용을 통해 7년 대환난이 시작부터 끝까지 철저하게 이스라엘을 중심으로 전개됨을 알 수 있습니다.

둘째, 역사적 전 천년설의 오류는 예수님의 '재림'과 '휴거'를 같은 사건으로 보거나, 이 둘을 혼동하는 데에서 생겨났습니다.

7년 대환난의 마지막 순간에 있을 '재림'에 대한 말씀들을 '휴거'의 말씀으로 잘못 이해했기 때문에 교회가 환난을 통과한다고 주장하게 된 것입니다. 그러나 성경에서는 예수님의 재림과 휴거의 차이를 분명히 구분하여 설명하고 있습니다. 이와 관련한 내용을 구체적으로 살펴보겠습니다.

4) 휴거와 재림의 차이

구분	비교 내용	휴거	재림
1	사건의 현상(형태)	성도들의 공중 들림 (예수님의 공중 강림)	예수님의 지상 강림
2	예루살렘(감람산) 징조	없음	동서로 갈라져 큰 골짜기
3	변화	휴거 성도가 부활의 몸으로 (변화 O)	환난 성도가 부활의 몸으로 (변화 X)
4	예수님이 찾아오심	성도(교회)를 위해	성도와 함께
5	세상을 심판	죄악은 점점 더 커지나 아직 심판의 때는 아님	죄악을 심판
6	사건의 시기	표적이나 경고 없이	표적과 징조, 일곱 인·나팔· 대접 재앙 끝에
7	대상	구원성도(교회)	환난성도 및 죄인 (=땅의 모든 족속)
8	사건 발생의 특징	비밀	공개

먼저, 휴거는 성도들^{교회}이 예수님을 만나기 위해 공중으로 끌려 올라가는 사건입니다.^{살전 4:17} 하지만 재림은 예수님이 공중이 아닌, '지상으로' 강림하시는 사건입니다.^{슥 14:3-4}

둘째, 휴거 사건 때에는 예루살렘에 있는 '감람산'에 아무 일도 생기지 않습니다. 그러나 재림 때에는 감람산이 동서로 갈라져 큰

골짜기가 생길 것이라고 예언합니다.^{슥 14:4}

셋째, 휴거 사건 때는 살아 있는 성도들이 영광스러운 부활의 몸으로 '변화되어' 주님을 맞으러 공중으로 올라갈 것입니다.^{고전 15:51-52} 하지만 재림의 때에 이 땅에 살아남은 성도들^{환난성도들}은 '변화되지 않고 육신의 몸으로' 천년왕국에 참여하게 될 것입니다.

넷째, 휴거는 예수님이 '성도들^{교회}을 위해'for the saints 찾아오시는 사건이지만^{살전 4:16}, 재림은 예수님이 '성도들과 함께'with the saints 찾아오시는 사건입니다.^{슥 14:5}

다섯째, 휴거 사건 때 세상은 아직 심판받지 않고 마지막 심판의 날까지 죄악은 점점 더 심해질 것입니다. 그러나 재림의 때가 되면 예수님은 세상을 심판하시고 죄악을 다루실 것입니다.^{계 19:17-21}

여섯째, 휴거 사건은 아무런 '표적이나 경고 없이' 일어날 것입니다.^{살전 5:2} 그래서 그 누구도 이 휴거의 때를 알 수 없다고 하신 것입니다. 하지만 재림의 사건은 요한계시록의 예언대로 일곱 인과, 일곱 나팔과 일곱 대접으로 이어지는 많은 표적과 징조와 재앙이 있은 뒤에야 일어나게 될 것입니다. 성경이 이 환난의 때를 한 이레에 해당하는 7년으로 분명하게 드러내고 있기 때문에, 성경을 아는 사람이라면 누구나 쉽게 재림의 때를 예측할 수 있습니다.

일곱째, 휴거와 재림 사건은 그 대상이 서로 다릅니다. 휴거 사건은 구원받은 성도들^{교회}에게만 관련된 비밀스러운 사건입니다. 하지만 재림 사건은 구원받은 성도들^{환난성도들}뿐만 아니라 회개하지 않은 죄인 모두와도 관련 있는 공개적인 사건으로 땅의 모든 족속이

주님의 재림을 지켜보게 될 것입니다.^{마 24:30}

은혜의 시대^{교회의 시대}를 사는 성도들이 기다리는 것은 7년 대환난 뒤에야 찾아오시는 예수님의 재림이 아닙니다. 그들이 소망하며 기다리는 것은 7년 대환난이 시작되기 전에 앞으로 이 땅에 불어 닥칠 환난의 때를 피하게 하시려고[36] 예수님을 따라 믿음으로 산, 구속받은 성도들을 데려가시는 휴거 사건입니다. 휴거에 대한 소망이기 때문에 '복스러운 소망'^{딛 2:13}이고, 또한, 우리가 이 날을 소망하며 '마라나타'로 기도할 수 있는 것입니다.

---

36 "네가 나의 인내의 말씀을 지켰은즉 내가 또한 너를 지켜 시험의 때를 면하게 하리니 이는 장차 온 세상에 임하여 땅에 거하는 자들을 시험할 때라"(계 3:10).

종말론을 통해 본 휴거와 재림: '종말'에 대한 다양한 신학적 견해

종말론은 '천년왕국'을 어느 시점으로 보느냐에 따라 후 천년설, 무 천년설, 전 천년설 세 가지 견해로 나눌 수 있습니다.

1. **'후 천년설'**(Post-millennialism)은 (교회를 통해 하나님의 통치가 온전히 실현되는) '천년왕국이 끝날 때' 예수님이 재림하신다는 견해입니다.

2. **'무 천년설'**(A-millennialism)은 주로 '재림의 역사성(예수님의 다시 오심)을 부인'하는 자유주의 신학자 가운데 팽배한 신학이론으로 천년왕국을 상징적·비유적인 용어로 이해합니다. '자유주의적 무 천년설'은 천년왕국을 예수가 살았을 때 꿈꾸었지만 실패한 이상세계(이데아)라고 주장하면서 대신 제자 된 우리가 이 땅에 천년왕국을 만들어 가야 한다고 이야기합니다.

   반면, '보수주의적 무 천년설'은 천년왕국을 예수님의 초림부터 재림 때까지의 모든 기간을 의미하는 상징적·비유적 표현이라고 주장합니다. 우리가 사는 이 시대가 바로 천년왕국이고, 이 시대가 끝나면 예수님이 다시 오신다고 합니다.

3. **'전 천년설'**(Pre-millennialism)은 이 땅에 (예수님이 오셔서 실제로 이 땅에서 다스릴 역사적 왕국인) 천년왕국이 오기 전에 그리스도의 재림이 있다는 주장입니다. 성경 예언의 성취를 초림 때처럼 문자적, 역사적(literal, historical)으로 먼저 이해하려는 입장입니다.

이것은 '휴거의 시점을 어디로 보느냐'에 따라서 다시 역사적 전 천년설과 세대주의적 전 천년설로 나뉩니다.

1) '역사적 전 천년설'(Historical Pre-millennialism)은 교회가 환난의 때를 통
   과할 것이라고 주장합니다(환난 통과설). 7년 대환난 후 주님이 지상 재림하
   실 때, 휴거 사건도 '동시에' 일어난다는 주장입니다.(오류)

2) '세대주의적 전 천년설'(Dispensational Pre-millennialism)은 7년 대환난이
   '시작되기 전에' 휴거사건이 있다는 견해입니다(환난 전 휴거설). 7년 대환난
   은 이스라엘 민족을 구원하기 위한 한 이레로, 은혜의 시대를 사는 교회와는
   상관이 없다는 주장입니다.

Q. 역사적 전 천년설(교회의 '환난 통과설')의 오류?

→ 7년 대환난과 한 이레에 대한 오해에서 나온 오류입니다.

7년 대환난=이스라엘 민족을 위해 작정된 '한 이레'

이유

1. 7년 대환난의 주요 무대(배경)가 예루살렘(복음 전파는 7년 대환난에 남겨진
   '회개한 이스라엘 백성을 중심으로')입니다.

: 7년 대환난의 시작부터 끝까지 철저하게 이스라엘을 중심으로 전개.

유대인에게서 시작된 환난은 (적그리스도가 예루살렘을 차지하기 위해 므깃
도 골짜기에서 전쟁을 벌이는) '아마겟돈 전쟁'으로 끝날 것.

2. 예수님의 재림과 휴거를 같은 사건으로 보거나, 이 둘을 혼동합니다. 그러나
   휴거와 재림은 명백하게 다릅니다.

휴거 : 예수님이 '성도들(교회)을 위해' (for the saints) 찾아오시는 사건

재림 : 예수님이 '성도들과 함께' (with the saints) 찾아오시는 사건

4. 나팔절과 휴거 사건[37]

나팔절, 나팔을 부는 절기, 회개의 절기, 또는 새 달새해을 기념하는 절기인 '로쉬 하샤나'Rosh Hashanah의 공식적인 히브리어 이름은 '욤 테루아'יום תרועה입니다.

성경에서는 '테루아'라는 단어를 '뿔 나팔Shofar을 불다'라는 뜻으로 가장 많이 사용하고 있고, '즐거운 소리'라는 뜻으로도 즐겨 사용하고 있습니다.시 89:15 테루아תרועה라는 단어는 전쟁의 소리, 경계경보, 또는 환희의 외침이라는 뜻과 기쁨의 큰소리, 나팔소리라는 뜻이 있습니다. '욤'יום은 날짜day라는 뜻입니다. 로쉬 하샤나를 설명하는 히브리어 명칭에는 욤 테루아 외에도 다음과 같은 것들이 있습니다.

로쉬 하샤나			
1	욤 테루아	Yom Teruah	뿔 나팔을 부는 날.
2	욤 하딘	Yom Ha'Din	심판의 날, 책이 펼쳐지는 날, 문이 열리는 날. 하늘의 문이 열리고 하늘의 심판이 시작됨을 알리는 나팔소리라는 뜻.
3	욤 하케세	Yom Ha'Keseh	숨겨진 날, 감추어진 날.
4	욤 하키두쉰/네수임	Yom Ha'Kiddushin/Nesu'im	메시아의 결혼식 날.

5	욤 하멜렉	Yom Ha'Melekh	메시아의 대관식 날.
6	욤 하나찰	Yom Ha'Natzal	의롭게 죽은 자들이 부활하고, 의롭게 살아가는 자들이 데려감을 당하는 날.
7	욤 하아케다	Yom Ha'Akedah	아브라함이 이삭을 바친 날.

아브라함이 하나님께 순종하여 제단 위에 이삭을 바치려고 할 때, 하나님이 이를 막으시고 이삭을 대신해 하나님이 예비하신 숫양을 제물로 바치라고 하셨습니다. 이때 이삭을 대신해서 드려질 '숫양의 뿔들'Shofar이 수풀에 걸려 있었는데창 22:13, 이 두 뿔이 바로 로쉬 하샤나에 부는 첫 번째 나팔과 마지막 나팔을 상징한다고 알려져 있습니다.

이처럼 로쉬 하샤나는, 의인들성도들이 부활의 사건에 참여하는 날이요, 동시에 세상 나라에서는 하나님의 진노와 심판이 시작되는 날입니다. 또한, 이날은 왕권을 갖고 오시는 예수님이 그리스도의 신부인 교회를 데려감으로써 '메시아의 결혼식'이 시작되는 날이기도 합니다. 이때에 자신이 알곡과 가라지 중에서 어느 편에 서게 되느냐에 따라 각자 개인에게 축제의 날이 되든지, 아니면 애통하며 원통해하는 날이 될 것입니다.

이 날은 감추어진 날, 숨겨진 날욤 하케세로도 알려져 있는데, 이는 로쉬 하샤나가 시작되는 정확한 날짜와 시간을 확증하지 못하기 때문에 붙여진 명칭입니다. 한 해의 시작을 알리는 절기이기도 한 로쉬 하샤나는 매해 바뀌기 때문에 이것이 시작되는 정확한 시점을 알 수 없어 사람들은 이 날을 '감추어진 날'로 부르고 있습니다.

태양을 기준으로 날짜를 계산하는 요즘과는 다르게, 달을 기준으로 날짜를 계산하던 이스라엘에서는 로쉬 하샤나가 'the New Moon Day'더 뉴 문 데이로 알려져 있습니다. 즉, 새로운 해sun가 아니라, 새로운 달moon이 떠오르는 날이라는 뜻입니다.

구체적으로 말해 유월절의 절기가 시작되는 첫 날부터 계산해서 163일째와 그다음 날인 164일째가 바로 로쉬 하샤나가 될 수 있는 날인데, 이때가 자연 현상으로 치면 달이 그믐달에서 초생달로 바뀌는 시점입니다. 이스라엘 사람들은 이맘때면 그믐달이 초생달로 바뀐다는 사실을 압니다. 하지만 이 현상이 시작되는 정확한 날짜와 시간을 파악하기란 그들에게조차 쉽지 않습니다.

그래서 로쉬 하샤나가 시작되는 날이 오면, 절기를 주관하는 대제사장은 달을 관측할 두 증인을 세웁니다. 그리고 각자 관측하게 한 뒤에 새로운 달그믐달에서 초생달로이 떠올랐다는 보고를 두 사람 모두에게서 받으면 그때에서야 비로소 그 신호로서 바로 나팔을 불어 로쉬 하샤나새로운 해가 시작된 사실을 알렸다고 합니다.

마태복음 24장 36절에서 예수님이 "그 날과 그 때는 아무도 모르나니."라고 말씀하신 것처럼, 로쉬 하샤나가 시작되는 정확한 날짜와 시간은 누구도 알 수 없습니다.[38]

---

38 이 때문에 유월절에 십자가의 사건이 일어난 것처럼, 정확한 연도는 알 수 없지만 나팔절에 맞추어 휴거 사건이 일어날 것이라고 믿는 이들도 있습니다. 하지만 데살로니가 5장에서 사도 바울은 그날이 '도둑 같이 갑자기(suddenly) 임할 것'이

나팔절이라는 명칭을 가진 로쉬 하샤나는 나팔을 부는 행위와 뗄 수 없는 연관성을 가지고 있습니다. 나팔절에 사용하는 나팔의 수는 백 개로 각기 다른 뿔 나팔을 사용한다고 합니다. 이 백 개의 뿔 나팔은 네 가지 나팔소리를 냅니다.

그 네 가지 나팔 소리는 다음과 같습니다. 먼저, 왕의 대관식을 의미하는 한 번의 나팔소리는 '테키아'תקיעה, Tekiah라고 합니다. 짧게 세 번을 부는 '쉐바림'שברים, Shevarim은 회개를 요청하는 나팔소리입니다. 스타카토로 아홉 번 부는 '테루아'תרועה, Teruah는 영적 각성을 요청하는 나팔소리입니다. 그리고 가장 웅장하고 길게 부는 '테키아 하가돌'תקיעה-הגדול, Tekiah Ha' Gâdôl은 하나님의 음성을 상징합니다. 네 번째로 부는 마지막 나팔인 테키아 하가돌은 유대인 사이에서 "마지막 나팔"고전 15:51 또는 "하나님의 나팔"살전 4:16로도 알려져 있습니다.

2012년에는 로쉬 하샤나가 시기상으로 9월 16일부터 9월 18일 밤새벽 사이였습니다. 정확히 말하면 이 두 날 가운데에 달이 떠오르는 순간그믐달이 초승달로 바뀌는 순간에 맞추어 나팔을 불어 로쉬 하샤나의 시작을 알렸습니다.

앞에서 살펴본 것처럼 이스라엘의 3대 절기 가운데 하나인 로쉬 하샤나나팔절는 성도의 휴거 사건과 환난 전 휴거설을 뒷받침합니다. 로쉬 하샤나에 부는 나팔 가운데 "마지막 나팔", "하나님의 나팔"인

라 밝히고 있습니다(살전 5:2-3). 어떤 이유에서든지 날짜를 정하고 휴거 사건을 기다리는 것은 잘못된 태도입니다.

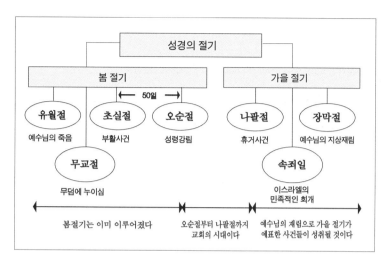

이스라엘의 5대 절기 가운데 봄 절기는 예수님의 초림을, 가을 절기는 예수님의 재림을 예표하고 있다.

테키아 하가돌이 울려 퍼지면 의인_{성도}들이 부활하여_{혹은 부활의 몸으로 변화되어} 메시아의 혼인예식_{휴거사건}에 참여하고, 이 땅에는 하늘의 심판_{7년 대환난}이 시작됩니다.

이스라엘의 절기와 연관된 구속사적 사건들

1. 유월절-예수님의 십자가 죽음

2. 무교절-무덤에 누이심

3. 초실절-예수님의 부활(부활의 첫 열매)

4. 오순절-성령강림과 교회의 탄생

5. 나팔절-휴거사건

6. 속죄일-이스라엘의 민족적인 회개

7. 장막절-예수님의 지상재림, 이 땅에 장막을 치고 사람들과
   함께하시기 위해 오심(천년왕국)

휴거의 소리! 로쉬 하샤나의 마지막 나팔, '테키아 하가돌'

달을 기준으로 날짜를 계산하던 이스라엘에서는 로쉬 하샤나가 '새로운 달 (moon)이 떠오르는 날'인 더 뉴 문 데이(the New Moon Day)로 알려져 있습니다. 그러나 로쉬 하샤나는 날짜와 시간이 매해 바뀌기 때문에 정확한 시작 시점을 알 수 없어서 사람들은 이 날을 '감추어진 날'로 부르고 있습니다. 유월절의 절기가 시작되는 첫 날부터 계산해서 163일째와 그 다음 날인 164일째가 바로 로쉬 하샤나가 될 수 있는 날들입니다.

이스라엘 사람들은 일정한 시기가 되면 그믐달이 초생달로 바뀐다는 사실을 알았습니다. 하지만 로쉬 하샤나가 시작되는 정확한 날짜와 시간은 그들 중에 누구도 모릅니다. 그래서 달을 관측할 두 증인을 세워 로쉬 하샤나가 시작되는 정점을 확인했습니다. 두 사람 모두 새로운 달(그믐달에서 초생달로)이 떠올랐다고 대제사장에게 보고하면, 그때에서야 비로소 나팔을 불어 로쉬 하샤나(새로운 해)의 시작을 알립니다. 그런데 이 로쉬 하샤나는 의인들(성도들)이 부활의 사건에 참여하는 날이요, 동시에 세상 나라에서는 하나님의 진노와 심판이 시작되는 날입니다.

하나님은 모리아 산에서 말씀에 순종하여 이삭을 제물로 바치려고 했던 아브라함에게 이삭 대신 드려질 숫양을 예비해 두셨습니다. 이때 수풀에 걸려 있던 '숫양의 두 뿔(Shofar)'이 로쉬 하샤나에 부는 첫 번째 나팔과 마지막 나팔을 상징합니다. 특별히 마지막 나팔인 테키아 하가돌은 유대인 사이에서 '마지막 나팔' 또는 '하나님의 나팔'이라고 합니다.

이스라엘의 3대 절기 가운데 하나인 로쉬 하샤나(나팔절)는 성도의 휴거 사건과 환난 전 휴거설을 뒷받침합니다. 로쉬 하샤나에 부는 테키아 하가돌이 울려 퍼지면 의인(성도)들이 부활하여(혹은 부활의 몸으로 변화되어) 메시아의 혼인 예식(휴거 사건)에 참여하고, 이 땅에는 하늘의 심판(7년 대환난)이 시작될 것입니다.

5. 신부의 달콤한 밀월여행, '어린 양의 혼인잔치'[39]

[1]이 일 후에 내가 들으니 하늘에 허다한 무리의 큰 음성 같은 것이 있어 이르되 할렐루야 구원과 영광과 능력이 우리 하나님께 있도다 [2]그의 심판은 참되고 의로운지라 음행으로 땅을 더럽게 한 큰 음녀를 심판하사 자기 종들의 피를 그 음녀의 손에 갚으셨도다 하고 [3]두 번째로 할렐루야 하니 그 연기가 세세토록 올라가더라 [4]또 이십사 장로와 네 생물이 엎드려 보좌에 앉으신 하나님께 경배하여 이르되 아멘 할렐루야 하니 [5]보좌에서 음성이 나서 이르시되 하나님의 종들 곧 그를 경외하는 너희들아 작은 자나 큰 자나 다 우리 하나님께 찬송하라 하더라 [6]또 내가 들으니 허다한 무리의 음성과도 같고 많은 물 소리와도 같고 큰 우렛소리와도 같은 소리로 이르되 할렐루야 주 우리 하나님 곧 전능하신 이가 통치하시도다 [7]우리가 즐거워하고 크게 기뻐하며 그에게 영광을 돌리세 어린 양의 혼인 기약이 이르렀고 그의 아내가 자신을 준비하였으므로 [8]그에게 빛나고 깨끗한 세마포 옷을 입도록 허락하셨으니 이 세마포 옷은 성도들의 옳은 행실이로다 하더라 [9]천사가 내게 말하기를 기록하라 어린 양의 혼인잔치에 청함을 받은 자들은 복이 있도다 하고 또 내게 말하되 이것은 하나님의 참되신 말씀이라 하기로 [10]내가 그 발 앞에 엎드려 경배하려 하니 그가 나에게 말하기를 나는 너와 및 예수의 증언을 받은 네 형

---

39 http://www.spiritandtruth.org/teaching/Book_of_Revelation/commentary/htm/topics/marriage.html

제들과 같이 된 종이니 삼가 그리하지 말고 오직 하나님께 경배하라 예수의 증언은 예언의 영이라 하더라.^{계 19:1-10}

고린도후서 11장 2절에서 사도 바울은 "내가 하나님의 열심으로 너희를 위하여 열심을 내노니 내가 너희를 정결한 처녀로 한 남편인 그리스도께 드리려고 중매함이로다."라고 말합니다. 이것은 교회를 그리스도의 신부로 묘사한 말씀입니다. 요한복음 14장에서 예수님은 신부를 위해 처소를 예비하러 가는 신랑으로 자신을 소개합니다. "내 아버지 집에 거할 곳이 많도다 그렇지 않으면 너희에게 일렀으리라 내가 너희를 위하여 거처를 예비하러 가노니 가서 너희를 위하여 거처를 예비하면 내가 다시 와서 너희를 내게로 영접하여 나 있는 곳에 너희도 있게 하리라."^{요 14:2-3}고 하십니다.

예수님 당시에 이스라엘에서 남녀가 서로 만나 언약을 맺고 결혼의 예식을 통해 가정을 이루는 과정은 오늘날의 결혼 풍습과는 다소 차이가 있습니다. 이 유대인의 결혼 풍습을 살펴보면 현재, 그리스도의 신부 된 '교회'가 신랑 되신 '그리스도'와 어떤 관계를 맺고 있고, 또 앞으로 어떤 과정을 통해서 그리스도와 영원히 함께하게 될지를 알 수 있습니다.

이스라엘에서 남녀가 만나 가정을 이루는 데는 모두 열두 단계

의 과정을 거치게 됩니다.[40]

이스라엘 혼인예식의 열두 단계

1. 신랑의 신부 선택 → 2. 신랑의 지참금(모하르) 지급 → 3. 신랑·신부의 언약식(부부) → 4. 키투바 계약(쉬트레 에루신): cf. 천국의 생명책 → 5. 신부의 동의(고백. 그리스도를 구주로 시인) → 6. 신랑·신부의 언약의 잔 → 7. 정결예식 '미크바'(세례) → 8. 신랑·신부의 짧은 이별 → 9. (아버지 집에서) 신랑이 처소 마련 → 10. 신랑이 신부를 데려감(마지막 날 한밤중, 소파르(양 각나팔) 소리와 함께) → 11. 결혼예식과 7일간의 밀월여행 '네수힌' → 12. 하객과 공식만찬, 어린 양의 혼인잔치

첫째로 먼저, 신랑이 신부가 될 사람을 선택합니다. 에베소서 1장 4절에는 "곧 창세 전에 그리스도 안에서 우리를 택하사 우리로 사랑 안에서 그 앞에 거룩하고 흠이 없게 하셨다."라는 말씀이 있습니다. 내가 하나님을 알기 전, 하나님이 나를 먼저 아시고 택하셔서 그리스도의 신부가 되게 하셨습니다.

둘째, 신랑은 신부 될 사람과 그 가족에게 일종의 지참금을 지급해야 합니다. 이것을 '모하르'라고 하는데, 베드로전서 1장 18절과 19절에서는 "너희가 알거니와 너희 조상이 물려 준 헛된 행실에서 대속함을 받은 것은 은이나 금 같이 없어질 것으로 된 것이 아니요

---

40 http://blog.naver.com/esedae/90112861194

오직 흠 없고 점 없는 어린 양 같은 그리스도의 보배로운 피로 된 것이니라."고 말씀합니다. 예수님은 십자가에서 우리 한 사람 한 사람의 죄를 대속하기 위해 보혈이라는 피 값으로 우리를 사셔서 그리스도의 신부가 되게 하셨습니다.

셋째, 신랑과 신부가 언약식을 맺게 됩니다. 언약식을 맺으면 요셉과 마리아처럼 실제적인 부부 관계로 인정받게 됩니다.

넷째, 언약식을 맺을 때 '키투바'라고 하는 공식 문서를 작성하게 되는데, 이 계약을 히브리어로 '쉬트레 에루신'이라고 부릅니다. 우리가 아는 바와 같이 예수를 그리스도로 믿는 순간에 우리 이름은 천국의 공식 문서인 '생명책'에 기록됩니다. ^{계 21:27}

다섯째, 이 언약식에는 반드시 신부의 '동의'가 있어야 합니다. 예수 그리스도를 신랑으로 맞이하겠다는 신부로서의 고백이 있어야만, 우리는 그리스도의 신부가 됩니다. 로마서 10장 10절에서도 "사람이 마음으로 믿어 의에 이르고 입으로 시인하여 구원에 이르느니라."라고 말씀하십니다.

여섯째, 신랑은 신부에게 선물을 주고, 신랑과 신부는 '언약의 잔'을 나누어 마시게 됩니다. 십자가를 지시기 전날 밤에 예수님이 제자들과 포도주를 나누어 마시면서 "이 잔은 내 피로 세운 새 언약이니 이것을 행하여 마실 때마다 나를 기념하라." ^{고전 11:25후}고 하셨습니다. 이는 신랑 되신 예수님이 신부 된 제자들과 언약의 잔을 나누신 사건입니다.

일곱째, 언약식을 마친 신부는 물에 몸을 담그는 '미크바'라고 하는 정결 예식을 치릅니다. 이는 구속받은 성도들이 '세례'를 통해 교회의 한 사람^{구성원}이 되었던 초대 교회의 전통과 일치합니다. 행 2:41

여덟째, 예식을 치른 신랑이 언약식을 마치고 신부의 곁을 잠시 떠납니다. 이로써 신랑과 신부는 떨어져 있는 시간을 갖게 됩니다. 요한복음 16장 7절에서 예수님은 "그러나 내가 너희에게 실상을 말하노니 내가 떠나가는 것이 너희에게 유익이라 내가 떠나가지 아니하면 보혜사가 너희에게로 오시지 아니할 것이요 가면 내가 그를 너희에게로 보내리니."라고 하십니다.

아홉째, 신부의 곁을 떠난 신랑은 아버지의 집으로 가서 장차 신부와 함께 머물 '처소'^{신혼방. 곧 7년 대환난 직전에 데려가시는 환난 날의 피난처를 의미}를 예비합니다. 십자가에서의 죽음을 앞둔 예수님은 제자들을 안심시키기 위해 "내 아버지 집에 거할 곳이 많도다 그렇지 않으면 너희에게 일렀으리라 내가 너희를 위하여 거처를 예비하러 가노니."^{요 14:2}라고 하셨습니다.

열째, 아버지의 집으로 돌아가 앞으로 신부와 함께 살 처소를 예비하는 일을 마친 신랑은 "한밤중에, 나팔 소리와 함께 찾아와" 신부를 데려갑니다. 이때 부는 양각나팔을 '소파르'라고 부릅니다. 데살로니가전서 4장에 보면 마지막 날에 예수님이 나팔 소리와 함께 강림하여 성도들을 데려가신다고 했습니다.^{살전 4:16-17} 처소를 예비한 신랑이 신부를 데려가는 사건이 곧 '휴거 사건'입니다.

열한째, 신랑^{예수님}과 함께 신랑의 아버지 집^{천국}으로 간 신부^{성도}는 그곳에서 결혼 예식을 본격적으로 치릅니다. 이 혼인예식은 7일 동안 이어지는데 먼저 신부는, 신랑과 함께 신랑이 예비한 처소에서 일주일간 달콤한 허니문_{신혼여행}의 시간을 갖습니다. 이 기간에 신랑은 신부를 자신이 예비한 처소_{7년 대환난의 기간에 피할 환난날의 피난처}에 감추어 둡니다. 이것을 히브리어로 '네수힌'이라고 합니다.

이 땅에 교회_{온전한 성도}가 사라진 뒤_{휴거 사건}, 지상의 남은 자들_{휴거되지 못한 백성}에게는 7년 대환난이라는 아주 끔찍하고 처참한 고난의 시간이 주어질 것입니다. 하지만 남겨져서 고통받는 백성들과는 다르게 그리스도의 신부 된 교회는 이 기간에 주님이 예비한 처소에서 주님과 함께 영적 교제를 깊이 나누는 기쁨의 시간을 보내게 될 것입니다.

끝으로 열두 번째 단계는 7일간의 밀월여행이 끝나는 마지막 날에 일어나는 일로서, 신랑은 신부를 이끌고 초대받은 사람들과 함께 '공식적인 만찬'_{the wedding feast}을 엽니다. 계시록 19장에서 7년 대환난이 끝난 뒤에 벌어지는 '어린 양의 혼인잔치'가 바로 혼인예식의 마지막 단계인 공식 만찬입니다.

이때, 혼인잔치를 준비하는 사람은 신랑의 아버지_{하나님}입니다. 마태복음 22장 2절에서 예수님은 "천국은 마치 자기 아들을 위하여 혼인잔치를 베푼 어떤 임금과 같으니."라고 하셨습니다.

여기에서 혼인잔치를 베푼 임금 즉, 신랑의 아버지는 '하나님'을, 신랑은 '예수 그리스도'를, 신부는 그리스도의 신부인 '교회'를 의미합니다. 이 혼인잔치에는 신랑과 신부만 있는 것이 아니라, 아버지가 초대한 하객들도 있음을 알 수 있습니다.^{마 22:3} "이들이 과연 누구일까?"에 대한 해석은 의견이 조금씩 다릅니다. 하지만 일반적으로는 '구약의 성도들'과 7년 대환난 기간에 예수를 믿고 끝까지 믿음을 지킨 '환난 성도들'이 하객으로서 어린 양의 혼인잔치에 참여할 것으로 보고 있습니다. 그러나 저들은 혼인잔치에 참여하지만_{구원의 자리에 설 수는 있지만}, 그리스도의 신부로서 혼인잔치에 참여하는 특권은 얻지 못합니다. 현재 은혜의 시대, 즉 교회 시대를 사는, 지금 이 마지막 세대를 살아가는 우리 성도들_{휴거 성도}만이 그리스도의 신부로서 어린 양의 혼인잔치에 참여하는 특권을 누리게 될 것입니다.

우리를 위하여 십자가에서 돌아가시고 그 피값으로 우리를 그리스도의 신부로 구속_{=값을 주고 사신}하신 예수님께서, 앞으로 우리가 살게 될 처소를 우리의 영원한 본향인 천국에 예비하기 위해 A.D. 1세기에 아버지의 집으로 올라가셨습니다. 이제 곧 처소를 모두 예비하시고 혼인잔치에 필요한 모든 준비를 끝내시면 우리를 데리고 가기 위해 이 땅에 다시 오실 것입니다. 그날에는 우주 만물을 창조하신 왕의 아들로서 천군 천사의 호령과 나팔소리와 함께 오실 것입니다. 따라서 우리는 다시 오실 주님을 부끄럽지 않게 맞이하기 위해, 신앙의 정절을 지키며, 오직 주님만을 사모하는 마음으로 살아가야 합니다.

이스라엘의 혼인예식과 어린 양의 혼인잔치

이스라엘의 혼인예식 중 열한 번째 단계에서 신랑은 신부를 아버지 집으로 데려가서 예식을 치르고 밀월여행을 즐깁니다. 그리고 7일간의 허니문이 끝나면 마지막 단계에서는 초대한 하객과 함께 잔치를 엽니다. 성경의 예언 중에 아직 성취되지 않은 휴거(구원과 부활), 7년 대환난 사건은 이스라엘의 혼인예식 과정에 비유할 수 있습니다. 신랑 되신 예수님이 정결한 신부인 성도를 처소(환난 날의 피난처)로 데려가시면, 이 땅에는 환난이 시작됩니다. 7년 대환난이 끝난 뒤에 여는 공식 만찬이 '어린 양의 혼인잔치'입니다. 이때에 '구약의 성도들'과 '환난 성도들'은 다만 하객으로서 잔치에 참여하게 될 것입니다. 혼인잔치에 그리스도의 신부(주인공)로서 참여하는 특권은 오직 이 마지막 때를 살아가는 휴거성도만이 누릴 수 있습니다. 혼인잔치에 필요한 모든 준비가 끝나면 이제 곧 주님이 천군 천사의 호령과 나팔소리와 함께 우리를 부르실 것입니다. 다시 오실 주님을 사모하며 기다립시다.

6. 70 이레와 한 이레 그리고 7년 대환난

¹메대 족속 아하수에로의 아들 다리오가 갈대아 나라 왕으로 세움을 받던 첫 해 ²곧 그 통치 원년에 나 다니엘이 책을 통해 여호와께서 말씀으로 선지자 예레미야에게 알려 주신 그 연수를 깨달았나니 곧 예루살렘의 황폐함이 칠십 년만에 그치리라 하신 것이니라 ³내가 금식하며 베옷을 입고 재를 덮어쓰고 주 하나님께 기도하며 간구하기를 결심하고. 단 9:1-3

²⁰내가 이같이 말하여 기도하며 내 죄와 내 백성 이스라엘의 죄를 자복하고 내 하나님의 거룩한 산을 위하여 내 하나님 여호와 앞에 간

구할 때 [21]곧 내가 기도할 때에 이전에 환상 중에 본 그 사람 가브리엘이 빨리 날아서 저녁 제사를 드릴 때 즈음에 내게 이르더니 [22]내게 가르치며 내게 말하여 이르되 다니엘아 내가 이제 네게 지혜와 총명을 주려고 왔느니라 [23]곧 네가 기도를 시작할 즈음에 명령이 내렸으므로 이제 네게 알리러 왔느니라 너는 크게 은총을 입은 자라 그런즉 너는 이 일을 생각하고 그 환상을 깨달을지니라 [24]네 백성과 네 거룩한 성을 위하여 일흔 이레를 기한으로 정하였나니 허물이 그치며 죄가 끝나며 죄악이 용서되며 영원한 의가 드러나며 환상과 예언이 응하며 또 지극히 거룩한 이가 기름 부음을 받으리라 [25]그러므로 너는 깨달아 알지니라 예루살렘을 중건하라는 영이 날 때부터 기름 부음을 받은 자 곧 왕이 일어나기까지 일곱 이레와 예순두 이레가 지날 것이요 그 곤란한 동안에 성이 중건되어 광장과 거리가 세워질 것이며 [26]예순두 이레 후에 기름 부음을 받은 자가 끊어져 없어질 것이며 장차 한 왕의 백성이 와서 그 성읍과 성소를 무너뜨리려니와 그의 마지막은 홍수에 휩쓸림 같을 것이며 또 끝까지 전쟁이 있으리니 황폐할 것이 작정되었느니라 [27]그가 장차 많은 사람들과 더불어 한 이레 동안의 언약을 굳게 맺고 그가 그 이레의 절반에 제사와 예물을 금지할 것이며 또 포악하여 가증한 것이 날개를 의지하여 설 것이며 또 이미 정한 종말까지 진노가 황폐하게 하는 자에게 쏟아지리라 하였느니라 하니라. 단 9:20-27

다른 종교의 경전과 비교할 때 성경의 탁월성, 다시 말해 성경의 가장 큰 특징은 '예언의 정확성'이라고 할 수 있습니다. 실제로 성경에 기록된 예언들이 인류의 역사 속에서 문자적으로나 역사적으로 성취된 증거는 많습니다. 예를 들어, 선지자 미가는[미 5:2] 예수님께서 베들레헴에서 탄생하실 것을 예언했는데, 이것이 예수님의 출

성경의 가장 큰 특징은 '예언의 정확성'입니다. 성경의 예언은 수천 년 전에 기록된 것임에도 역사적으로 정확하게 성취되었습니다. 말씀의 주인이 창조요, 역사를 주관하시는 하나님이시기 때문입니다. 예수님의 '초림'으로 시작된 예언의 성취는 예수님의 '재림'과 이 땅에 건설하실 하나님의 나라인 '천년왕국'의 건설로 완성될 것입니다.

생과정에서 그대로 이루어졌습니다.[마 2:16] 이사야 53장 9절에는 예수님이 부자의 무덤에 묻히실 것이라고 예언했는데, 이 또한, 당시에 그대로 이루어졌습니다.[마 27:57] 이처럼 성경에 기록된 예수님의 탄생과 십자가의 죽음은 물론이고 부활·승천 등에 대한 여러 예언 또한, 역사적으로 정확하게 성취되었습니다. 수백 년, 심지어 수천 년 전에 기록된 예언들이 역사 속에서 정확하게 문자 그대로 성취된 이유는 말씀을 주신 분이 바로 역사를 주관하시는 하나님이기 때문입니다.

70년간의 바벨론 포로 생활이 끝나가는 시점에, 앞서 기록된 선지자 예레미야의 글을 읽던 다니엘은 "예루살렘의 황폐함이 칠십 년 만에 그치리라."[단 9:2 후]는 예언의 말씀[렘 25:11]을 발견합니다. 다니엘은 이 말씀을 통해 이제 바벨론에서의 포로생활이 끝나고 새로운 역사의 전환점이 다가오고 있음을 깨닫습니다. 그리고 이스라엘을 위해 기도하기 시작합니다. 다니엘이 이스라엘을 위해 기도할 때,

하나님은 천사장 가브리엘을 다니엘에게 보내어 '이스라엘 백성과 거룩한 성을 위한 70 이레의 계획', 그분의 구원 계획을 알려 주십니다. 단 9:24

1) 70 이레

성경에서 '한 이레'라는 단어는 7일, 또는 7년을 나타내는 시간의 단위입니다.[41] '70 이레'라고 할 때, 본문에서는 한 이레를 '7년'을 의미하는 단어로 사용하여 70 이레는 곧 70 곱하기 7년의 세월, 즉 490년$^{70 \times 7년 = 490년}$을 의미합니다.

24절에서는 이스라엘 백성에게 허락하신 70 이레 기간에 다음과 같은 일이 있을 것이라고 말씀하십니다.

[24] 네 백성과 네 거룩한 성을 위하여 일흔 이레를 기한으로 정하였나니 허물이 그치며 죄가 끝나며 죄악이 용서되며 영원한 의가 드러나며 환상과 예언이 응하며 또 지극히 거룩한 이가 기름 부음을 받으리라 단 9:24

"허물이 그치며 죄가 끝나며 죄악이 용서되며"라는 말씀은 초

---

41 강병도 편, 『호크마 종합주석 구약 19 에스겔-다니엘』(서울: 기독지혜사, 1994), p.727

림의 주님이 이 땅에 재림 주로 오셔서 십자가를 통해 대속의 사역을 완성하실 것을 의미합니다. "의가 드러나며 환상과 예언이 응하며 또 지극히 거룩한 이가 기름 부음을 받으리라."는 말씀은 하나님 나라의 건설과 관련된 예언입니다. 성경에 기록된 여러 이상과 예언의 말씀처럼, 이 땅에 장차 '기름 부음 받은 자'메시아가 일어나 의로운 '하나님의 나라'를 건설하게 될 것이

성경에서 '한 이레'는 7일, 또는 7년을 나타내는 시간의 단위입니다. 하나님은 하나님의 뜻(이스라엘의 성전 재건)을 성취하기 위해 이스라엘 백성에게 바벨론 포로 시기 이후에 70 이레의 기간(70×7년=490년)을 허락하셨습니다. 예루살렘의 운명을 걱정하며 기도하던 다니엘에게 보여 주신 이스라엘에 대한 70 이레의 환상을 통해 7 이레와 62 이레, 그리고 한 이레의 세 때에 일어날 일들에 대하여 예언하셨습니다. 그중에서 69 이레에 해당하는 483년에 대한 약속이 이미 정확히 성취되었습니다.

라는 예언입니다. 예수님의 '초림'으로 시작된 이 '예언의 성취'는 예수님이 '재림'하셔서 세상 나라를 심판하신 후 이 땅에 '하나님의 나라'천년왕국를 건설하심으로 완성될 것입니다.

이처럼 다니엘에게 보여 주신 70 이레 환상은, 앞에서 소개한 하나님의 뜻을 성취하기 위한 시간인 490년이 바벨론 포로 시기 이후 '이스라엘 백성'에게 주어질 것이라는 말씀입니다. 여기에서 70 이레에 대한 예언은 다시 7 이레와 62 이레, 그리고 한 이레에 대한 세 가지 예언으로 구분되는데, 그 구체적인 내용은 25절부터 나옵니다.

2) 7 이레

먼저, "예루살렘을 중건하라는 영이 날 때부터 기름 부음을 받은 자 곧 왕이 일어나기까지 일곱 이레와 예순두 이레가 지날 것"이라고 했습니다. 25절

"예루살렘을 중건하라."는 명령은 기원전 445년 니산 월 1일에 페르시아의 아닥사스다 왕에 의해 성취됩니다. 느헤미야 2장에 보면 아닥사스다 왕 니산 월에 왕의 술 맡은 관원으로 일하던 선지자 느헤미야가 왕에게서 예루살렘을 재건하라는 명령을 받고 이스라엘의 예루살렘으로 내려가게 됩니다. 당시에 예루살렘에는 바벨론에서 포로 생활을 하다가 돌아온 이스라엘 백성이 정착해서 살고 있었습니다. 그럼에도, 대적들의 방해로 '예루살렘 성'도 아직 재건하지 못한 채 버려둔 상황이었습니다. 70여 년 전에 1차로 먼저 귀환한 총독 스룹바벨은 예루살렘 '성전'을 다시 건축했지만, 예루살렘의 '성벽'을 세우지는 못했습니다. 이 소식을 듣고 안타까워하던 이스라엘의 선지자 느헤미야가 아닥사스다 왕에게 간청하여 예루살렘 성을 재건해도 좋다는 허락을 받았습니다.

선지자 느헤미야가 무너진 예루살렘 성을 이스라엘 백성이 재건하도록 이끎으로써 이스라엘의 역사가 다시 시작될 수 있었습니다. 느 2:1 아닥사스다 왕으로부터 예루살렘을 중건하라는 영이 내려진 때B.C. 445부터 70 이레의 예언이 비로소 성취되기 시작했습니다.

70 이레 가운데 7 이레[49년]면 B.C. 445년부터 B.C. 397년에 해당하는 시기입니다. 그런데 B.C. 397년은 구약의 마지막 선지자 말라기가 활동했던 시기이기도 합니다. 침묵 시대 직전의 바로 이 49년의 기간에 예루살렘 성이 재건되고, 이스라엘의 역사가 새롭게 시작되는 일이 일어났습니다.

3) 62 이레

7 이레에서 62 이레를 더하면 69 이레, 483년의 세월입니다. 아닥사스다 왕 때 "예루살렘을 중건하라."는 명령을 내린 뒤에 정확히 483년의 세월을 계산하면 A.D. 30년 니산 월 10일이라는 날짜가 나옵니다. 성경에서의 1년은 365일이 아니라 360일로 계산했기 때문에 날짜로 따지면, 483년 × 360일=173,880일이 됩니다. 그런데 이날이 바로 예수님이 십자가를 지시기 위해 예루살렘에 입성하신 날[종려 주일]입니다.[42] 이때 예수님은 나귀를 타고 입성하여 대관식을 치렀던 이스라엘 왕들의 전통에 따라 예루살렘에 입성하셨습니다. 이 사건을 통해 69 이레 후에 "기름 부음을 받은 자, 곧 왕이 일어날 것"이라는 본문의 예언[25절]이 정확히 성취되었습니다.

하지만 26절에서는 또다시 이렇게 찾아온 기름 부음을 받은 자, 곧 메시아가 끊어져 없어질 것이요, 그 후 한 왕의 백성이 와서 예

---

42 John F. Walvoord, *Daniel*(Chicago : Moody Press, 1989), p. 228

루살렘 성읍과 성소를 훼파할 것이라고 예언합니다. "육십이 이레 후에"[26절] 즉 예수님이 이스라엘의 왕으로 입성하신 종려 주일[Palm Sunday. 사순절 여섯 번째 주일=부활절 전 주일. 참고) 사순절 → 종려 주일 → 고난주일 → 부활절] 사건 이후에, 예수님이 십자가의 고난을 받아 죽으실 것과 그 후 예루살렘 성과 성전이 훼파될 것을 예언하고 있습니다.

62 이레 사건, 즉 종려 주일 사건 이후 정확히 닷새 후에 예수님은 십자가에 못 박혀 죽으셨고, 예수님의 십자가 죽음이 있은 지, 약 40년이 지난 A.D. 70년에 예루살렘은 로마에 멸망하게 됩니다.

개역 성경에서는 정확하게 묘사하지 않았지만 영어 성경 KJV[킹제임스 버전]을 보면, 26절에 등장하는 기름 부음을 받은 자, 즉 메시아의 죽음에 대하여 다음과 같이 설명합니다. ."메시아가 끊어질 것이다. 하지만 이 사건은 자신을 위한 것이 아니다."[shall Messiah be cut off, but not for himself.] 말씀을 통해 메시아의 죽음, 즉 예수님의 십자가 죽음이 자신을 위한 죽음이 아니라, 인류의 죄를 속하기 위한 대속의 죽음이 될 것임을 명확히 하셨습니다.

4) 한 이레

여기까지가 70 이레 가운데 69 이레에 대한 예언이고, 이 모든 예언이 이스라엘의 역사 속에서 정확히 문자적으로 성취되었습니다. 이제 문제는 마지막 남은 한 이레, 7년에 대한 예언인데, 27절에 보면 한 왕이[그가: 적그리스도를 의미] 와서 이스라엘과 한 이레 동안 언약^{평화조약}을 맺음으로써 이 예언이 성취될 것이라고 합니다.

26절에서는 기름 부음 받은 자가 끊어진 뒤에 예루살렘을 멸망시킨 자들이 바로 이 '한 왕의 백성'이라고 합니다. 영어성경 KJV^{킹제임스 버전}에서는 이 한 왕을 '장차 임할 통치자'^{the prince that shall come}라고 소개합니다. 여기에서 말하는 '한 왕의 백성' 혹은 '장차 임할 통치자의 백성'은 A.D. 70년에 예루살렘을 멸망시킨 로마 군대를 의미합니다. 이 사건 이후에 예루살렘은 26절의 예언처럼 철저히 훼파되고 황폐해지고 말았기 때문입니다.

예루살렘을 멸망시킨, 로마제국은 마지막 때에 등장할 적그리스도의 나라와 긴밀하게 연관되어 있습니다. 앞으로 세워질 적그리스도의 나라는 바로 로마제국의 영광을 재현할 '신성로마제국'이 될 것입니다.[43] 그런 의미에서 볼 때, 26절과 27절에 묘사된 '한 왕', '장차 임할 통치자'는 A.D. 70년에 예루살렘을 멸망시켰고, 또 장차 이스라엘과 한 이레 동안 언약을 맺음으로 7년 대환난의 시작을 알리게 될 로마제국^{신성로마제국}의 실질적 통치자인, 적그리스도를 의미한다고 볼 수 있습니다.

저는 장차 '많은 사람'^{27절} 즉, 예루살렘으로 돌아와 나라를 재건한 이스라엘 백성들과 한 이레 동안 언약을 맺게 될 것입니다. 아마도 이 언약은 이스라엘의 평화와 안전을 보장하는 언약이 될 것이

---

43 다니엘 2장과 7장에 예언된 말씀을 살펴보면, 장차 등장할 적그리스도의 나라가
   로마제국과 긴밀한 연관이 있음을 알 수 있습니다.

고, 이 언약의 내용 가운데 성전 재건에 대한 약속도 포함될 것으로 보입니다. 하지만 3년 반의 시간^{이레의 절반}이 지난 뒤에 적그리스도는 성전에 자신의 우상을 세우고 이스라엘 백성에게 그 우상 앞에 경배하기를 강요할 것이라고 성경은 예언합니다.[44] 이때부터 이스라엘 백성에게 본격적으로 환난이 시작될 것이고, 이 환난은 아마겟돈 전쟁으로 정점을 이루다가 결국, 예수님의 재림으로 끝나게 될 것입니다.

다니엘 9장 27절에 등장하는 한 이레가 바로 적그리스도의 등장과 심판에 대한 예언, 즉 요한계시록에 묘사된 7년 대환난에 대한 예언인 것입니다. 7년 대환난 가운데 오늘 본문에 묘사된 '한 이레의 절반' 즉 '후반기 3년 반의 기간'을 예레미야 30장 7절에서는 '야곱의 환난의 때'라고 묘사하고 있고, 다니엘 7장 25절에서는 '작은 뿔'이 통치하는 한 때와 두 때와 반 때라 묘사하고 있습니다. 요한계시록 13장 5절에서도 바다에서 올라온 한 짐승이 '마흔두 달 일할 권세를 받았다.'고 예언합니다.

예루살렘의 운명을 걱정하며 기도하던 다니엘에게 주신 70 이레 즉, 이스라엘에게 허락된 490년의 시간에 대한 약속 가운데, 69 이레에 해당하는 483년에 대한 약속이 문자적·역사적으로 정확히 성취되었습니다. 그러기에 나머지 한 이레, 7년 대환난에 대한 약속도 문자적으로 정확히 성취될 것을 믿어야 합니다. 이 한 이레에

---

44 단 9:27.

대한 예언은 그 옛날 로마 군대를 통해 예루살렘을 멸망시켰던 '적그리스도'가 이스라엘과 '7년간의 평화 협약을 맺음으로' 시작될 것입니다.

이스라엘을 향한 예언의 성취 '70 이레'		
7 이레	62 이레	한 이레
B.C. 445년부터 B.C. 397년까지, 7 이레(49년)는 구약의 마지막 선지자 말라기가 활동했던 시기였습니다. 이 때에 예루살렘 성이 재건되고, 이스라엘의 역사가 새롭게 시작되었습니다.	62 이레 사건으로 손꼽을 사건으로는 예수님이 골고다 언덕에서 십자가에 못 박혀 돌아가신 것을 들 수 있습니다. 종려 주일 사건 이후 정확히 닷새 후였습니다. 십자가 사건이 있고 약 40년 후인 A.D. 70년에 예루살렘은 로마에 멸망당합니다.	마지막 남은 한 이레는 교회의 휴거 사건을 시작으로 적그리스도가 이스라엘과 7년간의 언약(평화조약)을 맺음으로 시작될 것입니다. 하나님은 적그리스도의 등장과 성전 재건, 7년 대환난과 심판에 대하여 예언하셨습니다. 모든 성경의 예언이 성취된 것처럼 나머지 한 이레에 대한 약속도 문자 그대로 정확히 성취될 것을 믿어야 합니다.

A.D. 70년 로마 군대에 멸망을 당하고 황폐해진 예루살렘과 이스라엘이 20세기에 역사 속에 다시 등장한 사건을 계기로 마지막 한 이레에 대한 예언이 성취될 조건을 갖추게 되었습니다. 69 이레와 마지막 한 이레의 예언 사이에 은혜의 시대인 '교회 시대'가 존재합니다. 이제 2000년 전에, 기름부음 받은 자인 메시아를 거절했던 이스라엘을 대신해서 그동안 선교의 열매를 맺는 사명을 감당해 오

던 교회가 곧 있게 될 휴거 사건으로 지상에서 사라지게 되면, '적그리스도'가 등장하여 이스라엘과 7년간의 언약을 맺는 일을 시작으로 '한 이레'에 대한 예언이 실현될 것입니다.

7. 반드시 성취될 이스라엘 회복에 대한 약속

[11]그러므로 내가 말하노니 그들이 넘어지기까지 실족하였느냐 그럴 수 없느니라 그들이 넘어짐으로 구원이 이방인에게 이르러 이스라엘로 시기나게 함이니라 [12]그들의 넘어짐이 세상의 풍성함이 되며 그들의 실패가 이방인의 풍성함이 되거든 하물며 그들의 충만함이리요 [13]내가 이방인인 너희에게 말하노라 내가 이방인의 사도인만큼 내 직분을 영광스럽게 여기노니 [14]이는 혹 내 골육을 아무쪼록 시기하게 하여 그들 중에서 얼마를 구원하려 함이라 [15]그들을 버리는 것이 세상의 화목이 되거든 그 받아들이는 것이 죽은 자 가운데서 살아나는 것이 아니면 무엇이리요 [16]제사하는 처음 익은 곡식 가루가 거룩한즉 떡덩이도 그러하고 뿌리가 거룩한즉 가지도 그러하니라 [17]또한 가지 얼마가 꺾이었는데 돌감람나무인 네가 그들 중에 접붙임이 되어 참감람나무 뿌리의 진액을 함께 받는 자가 되었은즉 [18]그 가지들을 향하여 자랑하지 말라 자랑할지라도 네가 뿌리를 보전하는 것이 아니요 뿌리가 너를 보전하는 것이니라 [19]그러면 네 말이 가지들이 꺾인 것은 나로 접붙임을 받게 하려 함이라 하리니 [20]옳

도다 그들은 믿지 아니하므로 꺾이고 너는 믿으므로 섰느니라 높은 마음을 품지 말고 도리어 두려워하라 ²¹하나님이 원 가지들도 아끼지 아니하셨은즉 너도 아끼지 아니하시리라 ²²그러므로 하나님의 인자하심과 준엄하심을 보라 넘어지는 자들에게는 준엄하심이 있으니 너희가 만일 하나님의 인자하심에 머물러 있으면 그 인자가 너희에게 있으리라 그렇지 않으면 너도 찍히는 바 되리라 ²³그들도 믿지 아니하는 데 머무르지 아니하면 접붙임을 받으리니 이는 그들을 접붙이실 능력이 하나님께 있음이라 ²⁴네가 원 돌감람나무에서 찍힘을 받고 본성을 거슬러 좋은 감람나무에 접붙임을 받았으니 원 가지인 이 사람들이야 얼마나 더 자기 감람나무에 접붙이심을 받으랴 ²⁵형제들아 너희가 스스로 지혜 있다 하면서 이 신비를 너희가 모르기를 내가 원하지 아니하노니 이 신비는 이방인의 충만한 수가 들어오기까지 이스라엘의 더러는 우둔하게 된 것이라 ²⁶그리하여 온 이스라엘이 구원을 받으리라 기록된 바 구원자가 시온에서 오사 야곱에게서 경건하지 않은 것을 돌이키시겠고 ²⁷내가 그들의 죄를 없이 할 때에 그들에게 이루어질 내 언약이 이것이라 함과 같으니라 ²⁸복음으로 하면 그들이 너희로 말미암아 원수 된 자요 택하심으로 하면 조상들로 말미암아 사랑을 입은 자라 ²⁹하나님의 은사와 부르심에는 후회하심이 없느니라 ³⁰너희가 전에는 하나님께 순종하지 아니하더니 이스라엘이 순종하지 아니함으로 이제 긍휼을 입었는지라 ³¹이와 같이 이 사람들이 순종하지 아니하니 이는 너희에게 베푸시는 긍휼로 이제 그들도 긍휼을 얻게 하려 하심이라 ³²하나님이 모든 사람을

순종하지 아니하는 가운데 가두어 두심은 모든 사람에게 긍휼을 베풀려 하심이로다. 롬 11:11-32

　　무 천년설 혹은 후 천년설의 근거가 되는 '대체신학'Replacement Theology에서는 신약의 교회가 이스라엘을 대체replace했기 때문에 하나님의 구속 역사에서 더는 이스라엘의 역할이 남아 있지 않다고 주장합니다. 이 학설을 지지하는 사람들은 교회가 이스라엘을 대체했다는 생각에 기반을 두기 때문에 성경에 기록된 예언의 말씀들, 특별히 요한계시록에 기록된 이스라엘에 대한 예언의 말씀들도 이스라엘이 아니라 교회에 주신 예언으로 대체해서 해석하려고 합니다.

　　문제는 이스라엘에 대한 예언들을 교회로 대체해서 해석하다 보니 이 예언들이 구체적으로 무엇을 의미하는지 이해하기가 매우 어렵다는 것입니다. 다시 말해, 예언에 대하여 문자 그대로 해석하지 않고 비유나 상징 혹은 영적으로 해석하다 보니, 사람마다 해석이 제각각일 수 있다는 것입니다.

　　요한계시록 7장에 기록된 144,000명을 예로 들어보겠습니다. 그들이 누구인가에 대해서는 성경에 묘사된 대로 이스라엘 12지파 가운데 선택받은 '주의 종들'이라고 해석하면 간단합니다. 하지만 말씀을 문자 그대로 이해하지 않으려고 하면 그때부터 문제가 생깁니다. 왜냐하면, 말씀을 비유나 상징 혹은 영적으로 풀려고 하다 보면 사람마다 다양한 해석이 가능하고 지식이나 영적 수준에 따라

진리를 본인 편의에 맞게 천차만별로 이해할 수 있기 때문입니다. 심지어 같은 사람이라고 해도 때에 따라 조금씩 다르게 해석할 수도 있습니다. 이것이 바로 예언을 문자로 해석하지 않으면 나타나는 문제입니다. 바로 이러한 점을 악용해서 여호와 증인이나 신천지 같은 이단들이 144,000명에 대한 해석을 놓고 그 숫자가 자신들의 그룹, 곧 여호와 증인이라거나 신천지 교도라고 주장합니다. 이렇듯 예언에 대하여 문자로 해석하기를 포기하면 성경 해석에 대하여 누군가가 말도 안 되는 억지 주장을 하더라도 제대로 반박하기가 쉽지 않습니다.

그렇다면 하나님의 구속 역사에서 이스라엘의 역할은 정말 모두 사라지고 교회로 대체된 것입니까? 사도 바울은 본문에서 '그렇지 않다.'고 말합니다. "하나님의 은사와 부르심에는 후회하심이 없고"29절, 이스라엘에 주셨던 언약은 여전히 유효하며, 장차 이 언약을 이루실 때가 올 것이라고 합니다.

1) 이스라엘의 과거: 하나님의 언약을 이행하는 데 실패했습니다 (11절)

이스라엘 백성에게 주신 하나님의 언약은 메시아를 통한 구원의 언약과 제사장 나라가 되게 하신다는 언약, 이 두 가지로 요약할 수 있습니다. 메시아를 통해 이스라엘을 구원하겠다는 언약은 이사야를 비롯한 선지자들의 예언서에 꾸준히 반복되어 나타나고 있고,

하나님의 택하신 소유된 백성으로서 제사장 나라가 되게 하겠다는 언약은 율법서인 출애굽기에 기록^{출 19:5-6}되어 있습니다.

그런데 이스라엘이 마지막 때에 하나님이 보내신 메시아, 예수 그리스도를 거절했기 때문에 하나님의 구원의 은혜가 이스라엘에서 이방인이 중심이 된 '교회'로 넘어가게 되었고, 본래 저들에게 주셨던 제사장의 사명, 즉 죄인들을 하나님께로 인도하는 선교적 사명도 교회로 넘어가게 되었습니다.

이렇듯 이스라엘은 하나님이 보내신 메시아, 구원자 예수 그리스도를 거절하여 하나님의 언약을 이행하는 데 실패하고 말았습니다. 하지만 이러한 실패는 영원하지 않다고 선언합니다. 로마서 11장 11절에서 사도 바울은 "저희가 넘어지기까지 실족하지는 않았다."고 합니다. 여기서 사용된 '넘어진다'는 단어 '핍토'는 파멸에 이르도록 몰락한다는 뜻입니다. 저들이 예수님을 거절해서 실족하긴 했지만, 영원히 파멸할 정도로 넘어지지는 않았다는 뜻입니다. 하나님께서 이스라엘에 주셨던 약속들은 비록 이스라엘 백성의 완악함 때문에 실현되지는 못했지만, 영원히 파기된 것은 아니라는 뜻입니다.

2) 이스라엘의 현재: 저희의 넘어짐이 세상의 부요함이 되었습니다
   (12절)

그렇다면 이스라엘의 실족이 어떤 결과를 가져온 것일까요? 사도 바울은 "그들의 넘어짐이 세상의 풍성함이 되며 그들의 실패가 이방인의 풍성함이 되었다."[12절]고 말하고 있습니다. 이스라엘이 하나님께서 저들에게 주셨던 은혜와 사명을 거절했기 때문에 그 은혜와 사명이 이방인이 중심이 된 교회로 넘어갔다는 뜻입니다. 그리고 이 모든 것이 이방인들을 구원하기 위한 하나님의 비밀스러운 섭리 가운데 된 일이라고 사도 바울은 증거합니다.[25절]

사도 바울은 이 사실을 설명하기 위해 '감람나무의 비유'를 들고 있습니다.[17-21절] 그는 참감람나무의 원래 가지가 꺾이고 그 자리에 돌감람나무 가지가 접붙임을 받았다고 합니다. 참감람나무 가지였던 '이스라엘'이 하나님이 주신 언약을 이행하는 데 실패함으로 이를 꺾어 내시고, 대신 그 자리에 돌감람나무 가지, 즉 이방인이 중심이 된 교회를 접붙여 하나님이 주신 언약을 이어가게 하셨습니다.

과실수에 접붙임을 하는 이유는 간단합니다. 좋은 열매를 얻기 위해서입니다. 하나님이 이스라엘을 사용하셔서 선교적 열매를 얻고자 하셨지만, 저들이 이 사명을 외면하였기에 그들을 꺾어 내시고 대신 돌감람나무 가지인 교회를 접붙여 열매를 맺게 하신 것입니다.[17절]

3) 이스라엘의 미래: 다시 회복될 것입니다(23절)

그렇다면 참감람나무 가지인 '이스라엘'은 영원히 버림받은 것일까요? 사도 바울은 그렇지 않다고 말합니다. 바울은 언젠가 이스라엘이 회개하여 믿음을 회복하면 다시금 접붙임을 받고 은총과 사명을 회복할 것이라고 증거합니다. "그들도 믿지 아니하는 데 머무르지 아니하면 접붙임을 받으리니 이는 그들을 접붙이실 능력이 하나님께 있음이라."23절

이스라엘이 "믿지 아니하는 데 머무르지 아니하면"이라는 말씀은 다시 말해 "믿음 안에 있으면"이라는 의미로 이스라엘이 민족적으로 회개하고 2000년 전에 그들이 거부했던 예수님을 메시아로 인정하고 받아들이면 하나님의 은총과 사명을 다시 회복하게 될 것이라는 말씀입니다.

그렇다면 구체적으로 이러한 일이 언제 일어날까요? 나무에 새로운 가지를 접붙이기 위해서는 본래 있던 가지를 잘라 내는 일부터 해야 합니다. 메시아를 거부했던 이스라엘이 은총을 잃고 대신 돌감람나무 가지인 교회가 그 자리에 접붙임을 받았던 것처럼, 이스라엘이 다시 접붙임을 받으려면 이제는 교회가 그 자리를 내어 주어야 합니다. 휴거 사건을 기점으로 교회가 이 땅에서 사명을 마치고 떠나갈 때, 그 떠나간 자리를 대신해서 다시 바통을 이어받은 이스라엘이 민족적으로 회개하고 하나님이 주시는 은총과 사명을 회복하게 될 것입니다. 이것은 이스라엘에 허락된 '한 이레'단 9:27의 시간 즉, '7년 대환난' 때 일어날 일입니다.

교회의 휴거 사건이 있고, 7년 대환난이 시작되면, 심한 핍박을 받게 될 이스라엘은 고난 가운데 민족적으로 회개하여 2000년 전

저들이 십자가에 못 박았던 예수를 메시아로 인정하고 받아들이게 되는 역사가 일어날 것입니다. 스가랴 12장에서도 마지막 때가 되면 이스라엘이 "그 찌른 바 그를 바라보고 그를 위하여 애통하기를 독자를 위하여 애통하듯 할 것"슥 12:10이라고 했습니다.

이렇듯 회개한 이스라엘 민족이 7년 대환난의 기간에 떠나간 교회를 대신해서 본래 저들에게 주어졌던 사명, 바로 선교적 사명을 감당하게 될 것입니다.

이스라엘의 언약과 사명		
과거(실패)	현재(세상의 부요)	미래(회복)
하나님이 이스라엘 백성에게 주신 언약은 메시아를 통한 구원과 하나님이 택하신 백성으로서 제사장 나라가 되라는 언약이었습니다. 그러나 예수 그리스도를 거절한 그들의 완악함 때문에 구원의 은혜와 선교적 사명이 이방의 '교회'로 넘어갔습니다.	하나님은 '감람나무의 비유'에서처럼 참감람나무 가지(이스라엘)가 하나님의 언약 이행에 실패하자 이들을 꺾어 내시고, 대신 그 자리에 돌감람나무 가지(교회)를 접붙여 열매를 맺고 언약을 이어가게 하셨습니다. 이 또한 이방인을 구원하시려는 하나님의 비밀스러운 섭리 가운데 된 일입니다.	이스라엘이 다시 접붙임을 받으려면 교회가 그 자리를 내어 주어야 합니다. 이스라엘은 7년 대환난의 기간에 휴거한 교회 대신 저들 본래의 선교적 사명을 감당할 것입니다. 이스라엘이 회개하여 믿음을 회복하고, 그들이 거부했던 예수님을 메시아로 인정하면 다시금 접붙임을 받고 은총과 사명을 회복할 것입니다.

8. 종말의 시간표와 휴거의 시점

성경의 예언서들을 연구하다 보면 '종말'에 대한 예언의 중심에 '이스라엘'이 있음을 알 수 있습니다. 요한계시록에서 묘사한 7년

> 성경에서는 종말의 사건과 밀접한 전쟁으로 이스라엘과 대적들의 마지막 남은 세 차례의 '중동전쟁'을 예보하고 있습니다.

대환난도 알고 보면 이미 다니엘서 9장 24절에 예언한 '한 이레'의 시간입니다. 7년 대환난의 마지막 순간에 예수님이 휴거된 성도들과 함께 지상 재림하셔서 이 땅에 천년왕국을 실현하시는데, 이 또한, 구약의 관점에서 보면 이스라엘 백성에게 언약하셨던 메시아 왕국입니다. 구약에서 이스라엘에 주신 언약과 신약에서 교회에 주신 언약이 서로 충돌하는 것이 아닌 오히려 '보완'적인 관계임을 알 수 있습니다.

예수님이 종말에 대하여 직접 언급하셨던 유명한 '감람산 강화'에서 예수님은 세계 역사에서 사라졌던 '이스라엘의 등장'이 종말의 때를 분별하는 중요한 단서가 될 것임을 분명히 하셨습니다. 마태복음 24장 32절과 33절에서 예수님은 "무화과나무의 비유를 배우라 그 가지가 연하여지고 잎사귀를 내면 여름이 가까운 줄을 아나니 이와 같이 너희도 이 모든 일을 보거든 인자가 가까이 곧 문 앞에 이른 줄 알라."고 하셨습니다. 겨우내 죽었던 것 같던 무화과나무에 잎이 돋는 것을 보거든 '여름' 즉, '종말의 때'가 가까운 줄 알라고 하는 말씀입니다.

무화과나무가 무엇입니까? 포도나무, 감람나무와 함께 이스라엘을 상징하는 나무입니다. A.D. 70년 로마에 멸망당한 이스라엘은 이방 땅에 흩어져 멸시받는 삶을 살아야 했습니다. 하나님이 보내신 메시아 예수 그리스도를 거절한 '죄' 때문이었습니다. 그러던 이스라엘이 2차 대전이 끝난 직후인 1948년 5월 14일, 성경의 예언처럼겔 37:21 다시금 오래전에 떠나왔던 바로 그 땅, 즉 고토인 이스라엘 땅으로 돌아가 나라를 재건합니다. 인구도 얼마 되지 않는 이스라엘이 역사 속에서 사라지지 않고 그것도 1900여 년 만에 나라를 재건하는 놀라운 사건, 이것은 기적입니다. 하나님이 하신 말씀이기에, 불가능해 보이던 일이지만 그 오랜 세월이 지나고도 성취되었습니다. 예수님의 말씀처럼 '무화과나무에 새잎이 돋는 기적'이 일어났습니다. 이때부터 종말의 타임 테이블time table, 시간표은 시작되었다고 보아야 할 것입니다.

1948년, 가나안 땅에 나라를 재건한 이후부터 이스라엘은 이스라엘을 가나안 땅에서 몰아내려고 했던 주변 나라와 끊임없이 전쟁을 치러 왔습니다. 이미 1·2·3·4차 네 차례의 중동전쟁을 겪었습니다. 이 네 차례의 전쟁에서 이스라엘은 압도적으로 승리를 거두며 지금의 이스라엘을 건설할 수 있었습니다. 문제는 이러한 중동전쟁이 아직도 진행 중이라는 사실입니다. 성경에서도 특별히 종말의 사건과 밀접하게 연관이 있는 전쟁으로서 이스라엘과 이를 진멸하고자 애쓰는 대적들과의 마지막 남은 세 차례의 '중동전쟁'을 예보하고 있습니다. 필자는 이를 일어나는 시간 순서에 따라 편의

상 '5차, 6차, 7차 중동전쟁'이라고 부르겠습니다.

1) 제5차 중동전쟁(시편 83편의 전쟁)

장차 다가올 제5차 중동전쟁은 '시편 83편의 전쟁'이라고도 합니다. 시편 83편에서는 종말의 때에 일어날 이스라엘과 이스라엘을 둘러싼 주변 나라들과의 전쟁을 예언합니다.

[1] 하나님이여 침묵하지 마소서 하나님이여 잠잠하지 마시고 조용하지 마소서 [2] 무릇 주의 원수들이 떠들며 주를 미워하는 자들이 머리를 들었나이다 [3] 그들이 주의 백성을 치려 하여 간계를 꾀하며 주께서 숨기신 자를 치려고 서로 의논하여 [4] 말하기를 가서 그들을 멸하여 다시 나라가 되지 못하게 하여 이스라엘의 이름으로 다시는 기억되지 못하게 하자 하나이다 [5] 그들이 한마음으로 의논하고 주를 대적하여 서로 동맹하니 [6] 곧 에돔의 장막과 이스마엘인과 모압과 하갈인이며 [7] 그발과 암몬과 아말렉이며 블레셋과 두로 사람이요 [8] 앗수르도 그들과 연합하여 롯 자손의 도움이 되었나이다 (셀라) [9] 주는 미디안인에게 행하신 것 같이, 기손 시내에서 시스라와 야빈에게 행하신 것 같이 그들에게도 행하소서 [10] 그들은 엔돌에서 패망하여 땅에 거름이 되었나이다. [11] 그들의 귀인들이 오렙과 스엡 같게 하시며 그들의 모든 고관들은 세바와 살문나와 같게 하소서 [12] 그들이 말하기를 우리가 하나님의 목장을 우리의 소유로 취하자 하였나이다 [13] 나

의 하나님이여 그들이 굴러가는 검불 같게 하시며 바람에 날리는 지푸라기 같게 하소서 [14]삼림을 사르는 불과 산에 붙는 불길 같이 [15]주의 광풍으로 그들을 쫓으시며 주의 폭풍으로 그들을 두렵게 하소서 [16]여호와여 그들의 얼굴에 수치가 가득하게 하사 그들이 주의 이름을 찾게 하소서 [17]그들로 수치를 당하여 영원히 놀라게 하시며 낭패와 멸망을 당하게 하사 [18]여호와라 이름하신 주만 온 세계의 지존자로 알게 하소서. 시 83:1-18

혹자는 이를 앗수르와의 전쟁을 묘사한 것이라고 해석하지만, 본문에 언급된 나라를 살펴보면 앗수르와는 상관이 없는 전쟁임을 알 수 있습니다. 시편 83편의 전쟁은 아직 성취되지 않은 사건에 대한 예언, 특별히 종말의 시대와 연관된 종말론적 사건에 대한 예언으로 보는 편이 타당할 것입니다. 다음 표에는 시편 83편에 예언된 나라와 현재 이 지역에 세워진 나라가 소개되고 있습니다. 놀랍게도 이는 현재 이스라엘과 갈등을 겪고 있는 주변 나라가 모두 포함되어 있습니다.

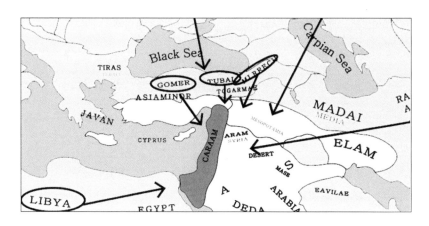

곡과 마곡 전쟁에 참여하는 나라들

시편 83편과 곡과 마곡 전쟁에 참여하는 나라들

시편 83편	에스겔 전쟁
요르단(에돔, 모압, 암몬) 레바논(그발, 두로) 사우디아라비아(이스마엘) 이집트(하갈, 아말렉) 팔레스타인(블레셋)	러시아(마곡) 이란(바사) 이라크(바사) 아프가니스탄(바사) 에디오피아(구스) 수단(구스) 리비야(붓) 튀니지(붓) 알제리(붓) 모로코(붓) 독일 혹은 터키(고멜) 터키(도갈마) 아르메니아(도갈마)

2) 제6차 중동전쟁(곡과 마곡의 전쟁)

제6차 중동전쟁은 '곡과 마곡의 전쟁'으로서 에스겔 38장과 39장에 잘 묘사되어 있습니다. 이전에 치른 다른 전쟁들과 마찬가지로 제5차 중동전쟁이 될 시편 83편의 전쟁을 통해 이스라엘이 일방적으로 승리하면 이슬람의 종주국을 자처하는 '이란'이 온 아랍 세력을 결집하여 이스라엘을 치게 될 것입니다. 에스겔 38장에 보면 이 전쟁에는 러시아도 개입할 것으로 보이는데, 이는 현재 이란과 군사동맹을 맺고 있는 러시아가 이란을 돕는다는 명분으로 전쟁에 참여할 것이기 때문입니다. 중동전쟁에 러시아가 개입하는 또 다른 이유는 에스겔 38장 13절의 말씀처럼 이스라엘을 "노략질하고 탈취하기 위해서"일 것입니다. 현재 이스라엘에서는 해안 지대를 중심으로 '가스와 석유'가 많이 발견되는데 이 또한, 러시아가 아랍 세력과 함께 이스라엘을 치게 되는 중요한 이유가 될 것입니다.

에스겔 39장의 예언대로라면 이스라엘은 이 전쟁에서도 아랍과 러시아를 물리치고 크게 승리해서 세계의 초강대국으로 등장하게 될 것입니다. 그렇게 되면 이미 세계적인 지도자로 등장한 적그리스도가 이스라엘과 7년간의 평화 협정을 맺어 자신의 위상을 또 한번 높이게 될 것입니다. 아마도 이때 맺는 평화 협정에 대한 보상의 하나로 이스라엘에 '성전 재건'이 허락될 가능성이 높습니다.

곡과 마곡의 전쟁으로 이슬람 세력이 궤멸하면 이스라엘은 곧 바로 이슬람이 남긴 상징물인 기존의 황금돔 사원을 허물고, 사원을 허문 바로 그 자리에 성전 재건을 시작할 것입니다. 또 한 가지 이슈가 될 만한, 7년 대환난이 시작되었다는 증거는 적그리스도가 등장하여 중동의 평화를 약속하는 7년 협약을 이스라엘과 맺게 될 것이라는 사실입니다. 환난 전 휴거설을 주장하는 성서학자들은 바로 이 곡과 마곡의 전쟁을 전후해서 교회의 '휴거 사건'이 있을 것으로 예측합니다.

3) 제7차 중동전쟁(아마겟돈 전쟁)

적그리스도는 3년 반이 지난 뒤에 이스라엘과 맺은 언약을 파기할 것이고, 이때부터는 자신을 숭배하지 않는 이스라엘을 진멸하려고 온갖 핍박을 가하게 될 것입니다. 그리고 마지막 순간에는 요한계시록 16장과 19장에서의 예언처럼 적그리스도가 세상의 모든 군대를 이끌고 이스라엘을 치기 위해 전쟁을 벌이게 될 것입니다. 이것이 성경에서 예언하고 있는 '아마겟돈 전쟁'계 16:16입니다. 이때 예수님이 재림하셔서 하나님과 하나님의 백성을 대적하는 적그리스도와 세상 나라를 심판하시고, 이 땅에 주님이 다스리는 나라인 천년왕국을 세우실 것입니다. 이것이 성경이 예언하는 '제7차 중동전쟁'입니다. 현재 이스라엘과 주변 국가 사이에 벌어지는 여러 가지 사건이 바로 종말의 예언을 실현하는 과정임을 알아야 합니다.

종말의 때 이스라엘의 시간표

종말에 대한 성경 예언의 중심에 '이스라엘'이 있습니다. 요한계시록(신약)에서 묘사한 7년 대환난은 다니엘(구약)이 예언한 '한 이레'의 시간입니다. 7년 대환난의 마지막 순간에 예수님은 휴거된 성도들과 함께 지상 재림하셔서 이 땅에 메시아 왕국인 천년왕국을 실현하실 것입니다.

'감람산 강화'에서 예수님은 (이스라엘을 상징하는 나무인) 무화과나무에 잎이 돋으면 '여름' 즉, 종말이 가까워진 것이라고 하시면서 '종말'에 대해 직접 언급하셨습니다. 따라서 세계 역사에서 사라졌던 '이스라엘의 등장'이 종말의 때를 분별하는 중요한 단서가 될 것입니다.

성경에 예언된 향후 이스라엘의 중동전쟁			
순서	5차	6차	7차
명칭	시편 83편의 전쟁	곡과 마곡의 전쟁	아마겟돈 전쟁
말씀	시편 83편	에스겔 38-39장	요한계시록 16장, 19장
시기	7년 대환난 직전	7년 대환난 직전, 교회의 휴거 사건 (이 전쟁 전후)	7년 대환난의 마지막 때
대상	시리아, 이집트 팔레스타인 등 주변 나라들	이란 등 아랍 세력, 러시아 연합	적그리스도와 세상 모든 군대
승리	이스라엘	이스라엘의 일방적 대승 (이슬람 세력 궤멸)	예수님과 예수님의 군대

공통점	1. 이스라엘을 멸절시키기 위해 벌이는 전쟁 2. 국가의 도움 없이 이스라엘 단독으로 치름. 　모든 전쟁에서 승리(하나님의 도우심)		
	이스라엘의 민족적 회개. 예수님을 메시아로 영접. 선교 사명 감당		
특징 및 결과	전쟁 전, 이스라엘의 잇단 공습은 다메섹 (옛 앗수르의 수도, 현재 시리아의 수 도 다마스쿠스)에 대한 경고 멸망의 길로 가는 다메섹 (사 17:1) "다메섹에 관한 경 고라 보라 다메섹 이 장차 성읍을 이 루지 못하고 무너 진 무더기가 될 것 이라." (렘 49:23-27) (시 83:1-8)	현대판 부림절 사건 : 유대인의 멸절을 원하는 페르시아 사람(현대판 하만, 아마디네자드)으로 부터 이스라엘 백 성 구원 ← 하나님 의 기적적 개입 이스라엘이 세계 초강대국으로 등장 적그리스도와 7년간의 평화 협정 → 이스라엘의 성전 재건 허락 (중동의 평화를 약 속한 대가) 이슬람의 황금돔 사원을 허물고 그 자리에 성전 재건 7년 대환난 시작	세상 나라에서 인류 최후의 전쟁 (예루살렘 함락 직전) 예수님의 지상 재림 : 휴거된 성도 들과 감람산으로 → 적그리스도와 세상 나라 심판 적그리스도, 거짓대언자는 산 채로 유황불 심판 예수님은 칼로 민족을 치심 천사가 사단(용, 옛 뱀)을 무저갱에 넣 고 봉인, 천년 결박 예루살렘의 평안

이후 주요사건	곡과 마곡의 전쟁	적그리스도의 협정 파기(7년 대환난 중 3년 반 후=후 3년 반) 자신의 숭배를 거부하는 이스라엘 진멸하기 위해 온갖 핍박	천년왕국 (예수님이 통치하시는 하나님 나라 에덴동산처럼 완벽한 세상 만국 백성이 예수님의 지상 재림 사건을 기념하는 '초막절'을 지키기 위해 예루살렘으로)
규모	5→6→7차로 갈수록 전쟁의 규모 훨씬 커짐		

9. 제3성전(환난성전)

¹또 내게 지팡이 같은 갈대를 주며 말하기를 일어나서 하나님의 성전과 제단과 그 안에서 경배하는 자들을 측량하되 ²성전 바깥 마당은 측량하지 말고 그냥 두라 이것은 이방인에게 주었은즉 그들이 거룩한 성을 마흔두 달 동안 짓밟으리라^{계 11:1-2}

요한계시록을 자세히 살펴보면 교회의 휴거 사건 이후에 벌어질 7년 대환난의 중심 무대가 '예루살렘'과 '성전'임을 알 수 있습니다. 요한계시록 11장에 등장하는 '두 증인'이 하나님의 말씀을 전하기 위해 선택된 장소가 성전이고, 적그리스도가 자신의 우상을 세워 경배를 강요하는 곳도 바로 성전이기 때문입니다.

최근 이스라엘의 성전 위원회(Temple Institute)가 발표한 제3성전의 설계도 중 일부이다. 7년 대환난의 시작을 전후로 해서 제3성전이 재건될 것이다.

© 크리스천투데이

이스라엘의 역사 속에서 성전은 이미 두 번 건축되고 또 두 번 파괴되었습니다. B.C. 950년경, 솔로몬이 건축한 제1성전솔로몬 성전은 B.C. 586년 바벨론에 의해 파괴되었습니다. 제2성전스룹바벨 성전은 B.C. 515년경 바벨론의 포로에서 돌아온 이스라엘 백성이 이스라엘 총독인 스룹바벨의 지시로 다시 건축되었습니다. 이후에도 이 성전은 몇 차례 수난의 과정을 거치다가 헤롯왕 시절에 대대적으로 보수하여 웅장한 모습을 갖추게 되었습니다. 그런데 예수님 당시에 예루살렘에 있던 성전이 바로 이 성전입니다. 그러나 이 제2성전도 A.D. 70년, 로마에 의해 파괴되는 비극적인 종말을 맞게 됩니다.

요한계시록 11장에 등장하는 성전은 장차 7년 대환난의 시작을 전후해서 세워지게 될 제3성전입니다. 1948년 5월 14일에 고토로 돌아와 나라를 재건한 유대인들은, 그 옛날 바벨론에서의 포로 생활을 끝내고 이스라엘로 돌아와 성전과 나라를 재건했던 저들의 선조처럼 성전 재건을 간절히 바라고 있습니다. 하지만 A.D. 70년, 성전이 로마에 파괴된 뒤 예루살렘 성전이 있던 자리에는 지금, 이슬람 사원인 '황금돔 사원'the Dome of the Rock이 세워져 있습니다. 이 사원은 이슬람의 '제3의 성지'로 알려졌는데, 만일 이스라엘이 이 사원을 무너뜨리고 그곳에 다시 성전을 건설한다면 이는 곧 이슬람 세력과의 전면전을 선포하는 것입니다. 그래서 아직 실행되지 못하고 있는 것입니다.

> **제3성전**
> 7년 대환난의 중심 무대는 '예루살렘'과 '성전'입니다. '두 증인'이 하나님의 말씀을 전하기 위해 선택한 장소이자 동시에 적그리스도가 자신의 우상을 세워 경배를 강요하는 곳이 성전이기 때문입니다. 요한계시록 11장에 등장하는 제3의 성전은 장차 7년 대환난의 시작을 전후해서 세워지게 될 것입니다. 예루살렘 성전이 있던 그 자리(제3의 성전이 들어설 곳)에는 현재 이슬람 사원인 '황금돔 사원'이 세워져 있습니다. 이스라엘 재건의 마지막 순서가 될 성전 재건은 곡과 마곡의 전쟁을 통해 성취될 것입니다.

하지만 장차 에스겔 38장과 39장에서 예언한 '곡과 마곡의 전쟁', 즉 전체 이슬람 세력과 러시아가 연합하여 이스라엘을 치는 전쟁이 벌어지고, 성경의 예언대로 이 전쟁에서 이스라엘이 크게 승리를 거둔다면 이스라엘은 조금도 망설이지 않고 성전을 재건하게 될 것입니다. 이스라엘이 곡과 마곡의 전쟁 이후에 세계적인 지도자로 등장한 적그리스도와 7년간의 평화협약을 맺게 된다면, 이 협약의 내용 속에 아마도 성전 재건에 대한 약속이 포함될 것으로 보입니다.

　7년 대환난이 다니엘서 9장 27절에 예언된 이스라엘에 허락된 마지막 '한 이레의 기간'이라면 이 한 이레의 사건이 시작되기 위해서는 이스라엘의 온전한 재건과 회복이 이루어져야 하는데, 성전 재건이 바로 이스라엘 재건의 마지막 순서가 될 것입니다.

10. 아! 휴거, 그 복스러운 소망

[11]모든 사람에게 구원을 주시는 하나님의 은혜가 나타나 [12]우리를 양육하시되 경건하지 않은 것과 이 세상 정욕을 다 버리고 신중함과 의로움과 경건함으로 이 세상에 살고 [13]복스러운 소망과 우리의 크신 하나님 구주 예수 그리스도의 영광이 나타나심을 기다리게 하셨으니 [14]그가 우리를 대신하여 자신을 주심은 모든 불법에서 우리를 속량하시고 우리를 깨끗하게 하사 선한 일을 열심히 하는 자기 백성이 되게 하려 하심이라 [15]너는 이것을 말하고 권면하며 모든 권위로 책망하여 누구에게서든지 업신여김을 받지 말라. 딛 2:11-15

디도서는 사도 바울이 믿음의 아들인 디도에게 보낸 목회 서신입니다.딛 1:4 자신과 함께 '그레데'에서 복음을 전하였고, 이제 피치 못할 사정으로 그레데 지방을 떠나야 하는 자신을 대신해서 이곳을 돌보는 사역을 맡고 있던 디도에게딛 1:5 목회에 필요한 구체적인 가르침을 주기 위해 사도 바울은 이 서신을 보냈습니다.

서신을 통해 사도 바울은 '할례당'으로 불리는 율법주의자들의 헛된 가르침을 물리치고딛 1:10-16 바른 교훈을 전하라고 권면하면서 딛 2:1, 오늘 본문을 통해서는 특별히 '복스러운 소망'으로 묘사된 종말의 사건을 기다리라고 권면하고 있습니다.

하나님의 은혜로 구원을 얻은 성도들이11절, 세상의 정욕을 버리고, 근신함과 의로움과 경건함으로 이 세상에서 살아가는 이유는 바로 우리에게 주실 복스러운 소망blessed hope이 있기 때문이라는 것입니다.

본문에서 사도 바울은 종말을 기다리는 성도들의 소망을 복스러운 소망이라고 표현합니다. 환난 전 휴거를 주장하는 학자들은 바로 이 말씀, 종말을 기다리는 성도들의 소망을 복스러운 소망라고 표현한 사도 바울의 이 말씀을 환난 전 휴거를 뒷받침하는 중요한 말씀 중 하나로 보고 있습니다.

7년 대환난에 들어간 이후에야 성도들이 비로소 휴거 사건에 참여할 수 있다면, 이것은 결코 복스러운 소망이라고 표현할 수 없을 뿐더러 오히려 '피하고 싶은 소망'일 것입니다. 물론 하나님이 주신 고난의 잔이라면 피하고 싶어도 마셔야 하는 것이 성도의 도리입니다. 하지만 고난의 잔을 복스러운 소망이라고 표현할 수는 없습니다.

하나님의 아들이 되신 예수님도 십자가의 잔은 피하고 싶으셔서, "할 수만 있으면 이 잔을 내게서 떠나가게 해 주십시오."라고 세 번이나 기도하셨습니다. 그렇게 땀방울이 핏방울이 되도록 간절히 기도하신 후에야 비로소 "내 뜻대로 마옵시고 아버지 뜻대로 되게 하옵소서."라고 기도하실 수 있었습니다. 십자가를 지시기 위해서 오신 분이셨지만, 예수님 또한, 보통의 우리 인간처럼 십자가의 고난만큼은 마지막까지 피하고 싶어 하셨습니다. 이것이 바로 인성을 가지신 예수님의 진실한 모습입니다.

환난 통과설을 지지하는 사람들의 주장처럼, 성도들이 기다려야 하는 사건이 휴거가 아니라, 7년 대환난이라면 우리는 예수님처럼, "할 수만 있으면 이 잔을 내게서 떠나가게 해 달라."고 기도해야 할 것입니다. 7년 대환난이 성도들이 소망하는 종말의 사건이라면 결코 이것을 복스러운 소망이라고 표현할 수 없을 것입니다. 성도들에게 약속된 종말의 사건이 7년 대환난이 아니라, 이 땅에 무서운 환난이 시작되기 전에 우리를 안전한 도피처^{환난 날의 피난처}로 데려 가시는 휴거 사건이기에 복스러운 소망이라고 할 수 있습니다.

이제는 휴거 사건이 복된 소망일 수 있는 이유에 대해서 조금 더 구체적으로 생각해 보겠습니다.

1) 이것이 부활의 영광에 참여하는 사건이기 때문입니다
(고전 15:51-52)

요한복음에서는 구원을 '영생'^{eternal life}으로 설명합니다. 죄 때문에 죽을 수밖에 없는 우리가 예수 그리스도를 믿음으로 영원한 생명 곧 '영생'을 얻게 되는 것을 '구원'이라고 설명합니다. "하나님이 세상을 이처럼 사랑하사 독생자를 주셨으니 이는 그를 믿는 자마다 멸망하지 않고 영생을 얻게 하려 하심이라."^{요 3:16}고 하셨고, "예수께서 이르시되 나는 부활이요 생명이니 나를 믿는 자는 죽어도 살겠고 무릇 살아서 나를 믿는 자는 영원히 죽지 아니하리니 이것을 네가 믿느냐."^{요 11:25-26}고 하셨습니다. 영생이야말로 성경에서 말하는 축복입니다. 그러나 세상은 이 땅에서의 성공이나 부 등을 축복이라고 말합니다. 성경에서 말하는 복은 한마디로 '영생의 복'입니다.

영생을 얻는 것을 구원이라고 한다면, 현재 우리가 얻은 구원은 엄밀하게 따지면 구원의 실체가 아니라, 구원에 대한 약속을 얻은 것으로 보아야 합니다. 그리고 이 약속이 성취되는 순간이 바로 부활 사건입니다.

2000년 전 예수님은 십자가에 못 박히신 지 사흘 만에 부활하셔서, 부활의 첫 열매가 되셨습니다. 부활의 첫 열매가 되신 예수님은 그를 믿고 따르는 자들에게도 부활의 영광에 참여하게 될 것을 약속해 주셨습니다. 부활 장으로 알려진 고린도전서 15장에서는 성도들에게 주신 이 부활에 대한 약속이 휴거 사건 때 실현될 것이라고 말씀하고 있습니다.

> [51]보라 내가 너희에게 비밀을 말하노니 우리가 다 잠 잘 것이 아니요 마지막 나팔에 순식간에 홀연히 다 변화되리니 [52]나팔 소리가 나매 죽은 자들이 썩지 아니할 것으로 다시 살아나고 우리도 변화되리라 [53]이 썩을 것이 반드시 썩지 아니할 것을 입겠고 이 죽을 것이 죽지 아니함을 입으리로다. 고전 15:51-53

이처럼 휴거 사건은 구원의 실체인 영생을 얻는 날, 바로 부활의 영광에 참여하는 순간입니다. 그러기에 휴거 사건을 기다리는 소망이 복스러운 소망입니다.

2) 시험의 때를 면하게 하시는 사건이기 때문입니다(계 3:10)

요한계시록 2장과 3장에서는 아시아의 일곱 교회에 보낸 편지들을 소개합니다. 학자들은 보통 이 아시아 일곱 교회에 대해 흔히 역사 속에 등장할 교회의 모습^{대표적인 유형}을 순서에 따라 보여 준 것이라고 해석합니다. 이 해석에 따르면, 일곱 교회 가운데 맨 마지막 두 교회인 '빌라델비아 교회'와 '라오디게아 교회'가 종말의 때에 등장할 교회의 대표적인 두 모습입니다. 흥미로운 것은 이 두 교회 중에서 빌라델비아 교회는 칭찬만 받은 교회이고, 라오디게아 교회는 책망만 받은 교회라는 사실입니다.

교회 대부분이 칭찬과 책망의 말을 함께 들은 것과 다르게 종말의 때에 나타날 교회는 칭찬받는 교회와 책망받는 교회, 이 둘로 명확하게 나뉩니다. 그리고 칭찬만 받았던 빌라델비아 교회에 주신 가장 중요한 '약속'이 바로 요한계시록 3장 10절에 소개되고 있습니다.

[10]네가 나의 인내의 말씀을 지켰은즉 내가 또한 너를 지켜 시험의 때를 면하게 하리니 이는 장차 온 세상에 임하여 땅에 거하는 자들을 시험할 때라.^{계 3:10}

여기에서 "장차 온 세상에 임하여 땅에 거하는 자들을 시험할 때"란, 계시록의 6장부터 19장까지 소개되고 있는 7년 대환난으로 보아야 합니다. 주님은 인내의 말씀을 지킨 성도들에게 바로 이 '시험의 때를 면하는 축복'을 주신다고 합니다. 물론 라오디게아 교회처럼 차지도 덥지도 않은 믿음을 가진 자들은계 3:15 시험을 통해 자신의 믿음을 증명해 보여야 할 것입니다.

이처럼 휴거 사건은 어려움 속에서도 '인내의 말씀을 지킨 자들'을 데려가는 사건입니다. 빌라델비아 교회는 이미 '말씀에 순종하는 믿음'을 통해 믿음의 시험을 통과한 자들이기에 시험의 때를 면하게 해 주셨습니다.

7년 대환난은 교회의 휴거 사건 이후에 '땅에 거하는 자들을 시험하는 때'가 될 것입니다. 1차적으로는 이스라엘이 메시아를 영접하기 위해 믿음을 시험받는 때입니다. 또, 휴거 사건 이후에 이 땅에 남겨진 자들은 누구나가 다음의 둘 중의 하나를 선택해야 하는 상황에 놓이게 될 것입니다. 그리스도를 따를 것인지, 아니면 짐승의 표를 받고 적그리스도를 따를 것인지…. 이미 그리스도를 따르기로 마음에 결단하고 그 말씀에 순종하며 인내하는 자들에게는 '시험의 때'를 면하게 되는 은총이 주어질 것입니다.

3) 이것이 혼인예식에 참여하는 사건이기 때문입니다(요 14:1-3)

유월절 고별설교를 담은 요한복음 14장에 보면 예수님은 제자들에게, 자신이 제자들의 곁을 떠나는 사실에 대하여 근심하지 말라고 당부하셨습니다. 그러면서 저들을 떠나는 이유를 말씀하셨습니다. 예수님의 떠나심은 저들^{성도}과 함께 거할 처소를 예비하러 가시기 위함입니다. 그러기에 언젠가는 그들을 초청하기 위해 다시 오셔야만 합니다. 그래서 예수님은 제자들에게 이렇게 말씀하셨습니다. "가서 너희를 위하여 거처를 예비하면 내가 다시 와서 너희를 내게로 영접하여 나 있는 곳에 너희도 있게 하리라."^{요 14:3} 그것은 오늘날 우리에게도 마찬가지입니다. 따라서 우리에게는 소망이 있습니다. 말씀은 어제나 오늘이나 같기 때문입니다.

이것은 예수님의 다시 오심을 '이스라엘의 혼인예식'에 비유하신 설교입니다. 이스라엘에서는 남녀가 만나 서로 사랑을 나누다가 '키투바'라고 하는 언약식을 치르면, 법적인 부부로서 인정받게 됩니다. 법적으로는 부부가 되었지만, 사실 공적인 부부가 되기 위해서는 혼인예식을 치러야 합니다. 이 일을 위해 신랑은 신부와 함께 머물 처소를 예비하려고 잠시 신부와 헤어져서 자신의 본가 즉, 아버지 집으로 가게 됩니다. 그리고 처소를 예비한 신랑이 신부에게 찾아와 그가 예비한 처소로 데려가는 순간부터 혼인예식은 시작됩니다.

이 혼인예식은 7일 동안 이어지는데 먼저, 신부는 신랑과 함께 신랑이 예비한 처소에서 일주일간의 달콤한 허니문의 시간을 갖게 됩니다. 이 기간에 신랑은 신부를 자신이 예비한 처소에 감추어 둡니다. 이것을 히브리어로 '네수힌'이라고 합니다. 7일간의 허니문이 끝나는 마지막 날, 신랑은 신부를 단장시켜 초대한 사람들과 함께 공식적으로 만찬을 열게 됩니다. 이것이 바로 성경에서 말하는 '혼인잔치'입니다. 7년 대환난이 끝난 뒤에 벌어지는 '어린 양의 혼인잔치'계 19:7가 바로 혼인예식의 마지막 순서인 공식적인 만찬입니다.[45]

휴거된 성도들은 주님이 예비하신 처소에서 혼인예식에 참여하여 주님과 밀월의 시간을 가지며 기쁘고 영광스러운 시간을 보내게 될 것입니다. 그렇다면, 이 땅에 남아 있는 자들은 어떤 일을 겪게 되겠습니까? 회개하지 못하고 하나님께 불순종한 그들은 말

> 휴거는 장차 올 시험의 때를 면하고 부활한 몸으로 혼인예식을 치르는 사건으로 인류 역사상 온전히 마지막 세대를 살아가는 이 세대만이 누릴 수 있는 단 한 번밖에 없는 특권입니다. 성도들이 세상의 정욕을 버리고 근신함과 의로움과 경건함으로 이 세상에서 살아가는 이유는 바로 하나님의 은혜로 구원받을 '복스러운 소망'인 휴거가 있기 때문입니다.

씀에 따라 7년 대환난의 기간을 겪게 될 것입니다. 성령의 보호하심과 막으심이 떠나고 나면 7년 동안 이 땅에 남은 자들에게 전에도 없었고 후에도 없을, 아주 비참하고 끔찍하고 고통스러운 환난들이 한꺼번에 불어 닥칠 것입니다. 그들은 남아서 다시 알곡과 가라지로 나뉘는 '시험의 때'를 지나야 합니다. 하지만 휴거 성도는 천상에서 주님과 밀월의 시간을 보낸 뒤에 '어린 양의 혼인잔치'를 치르고

---

45 어린 양의 혼인잔치가 7년 대환난의 마지막에 등장한다는 사실 때문에 '환난 통과설'을 주장하는 것은, 이스라엘의 혼인풍습을 이해하지 못해서 생긴 오해입니다.

주님과 함께 재림하여 천년왕국의 기간에 왕후의 권세를 갖고 주님과 함께 다스리게 될 것입니다.

이처럼 우리가 기다리는 것은 7년 대환난이 아니라, 7년간 주님이 예비하신 처소에서 주님과 함께 밀월의 시간을 가지게 될 혼인예식이기에 종말을 기다리는 성도의 소망을 '복스러운 소망'이라고 할 수 있습니다.

4) 결론(마라나타!)

그리스도의 다시 오심을 사모했던 초대 교회 성도들은 만날 때마다 마라나타_{아멘, 주 예수여 오시옵소서! 계 22:20}로 인사를 나누었습니다. 만일 저들이 기다리는 종말이 혼인예식에 참여하는 휴거 사건이 아니라, 7년 대환난이라면 누구도 이러한 소망의 인사를 나눌 수 없었을 것입니다. 앞으로 천상에서 일어날 어린 양의 혼인잔치는 시험의 때를 면하게 하고, 성도들이 부활하여 주님이 예비하신 혼인예식에 참여하는 '환난 전 휴거 사건'이기에 그들은 그 당시에도 마라나타로 인사를 나눌 수 있었습니다.

이 글을 읽는 여러분도 주께서 이 소망을 '복스러운 소망'이라고 하신 사실을 깨달아 아시게 되기를 간구합니다. 다시 오실 주님을 사모하며 영생의 복을 누리게 하신 주님께 감사드리며 간절히 기도하는 마음으로 "마라나타!"를 외쳐봅니다.

"아멘, 주 예수여 오시옵소서!"

내 백성이 지식이 없는 고로 망하는도다

〈이 세대가 가기 전에〉라는 이름의 블로그네이버 http://blog.naver.com/ esedae, 운영자명 예레미아로 성경의 예언들이 실현되고 있는 종말의 상황을 알리는 사역을 한 지도 벌써 2년이 넘어갑니다. 거의 매일 작성하다시피 한 글이 어느덧 700여 편 정도 되었습니다. 그동안 써 온 글들을 정리하면서 인터넷에 익숙하지 않은 분들을 위해 책을 발간해야 할 필요성을 느끼고 있었는데, 마침 출판사 예영커뮤니케이션 측으로부터 연락을 받았습니다. 그리고 유연주 작가님과 김승태 사장님의 출판 권고로 이렇게 용기를 내어 책을 내게 되었습니다.

사실 미국 교회 안에는 2001년 9 · 11 사태 이후, 급변하는 국내

외 정세 때문에 적그리스도의 출현과 종말의 때가 임박했음을 깨닫고, 이미 이를 알리는 분들이 점점 더 많아지고 있습니다. 하지만 테러와 경제 위기에서 한 발짝 물러나 있는 한국 사회에는, 종말이 가까웠다는 외침이 아직은 크게 반향을 일으키지 못하고 있습니다.

최근 케이팝을 중심으로 이 땅에도 적그리스도의 나라NWO, 신세계 정부를 세우려는 불법한 세력들이 이미 본격적으로 활동을 시작했지만, 안타깝게도 이 사실을 깨닫고 영적 싸움에 나선 성도는 극히 일부에 지나지 않습니다.

하나님의 말씀과 시대의 징조를 깨닫는 지식이 없어 멸망의 길을 가고 있는 이스라엘 백성을 향해 하나님은 "내 백성이 지식이 없으므로 망하는도다."호 4:6라고 한탄하셨습니다. 저쪽에 쓰나미가 몰려오는 징조가 보이는데도, 이를 깨닫지 못하고 있는 것입니다. 최근 방사능 오염수 유출 기사로 다시 세상을 떠들썩하게 하고 있는 2011년 후쿠시마 일본 대지진 때에도 그러했습니다. 위급한 상황을 들어도 깨닫는 자가 몇 없었습니다. 다행히 이를 깨닫고 준비한 사람은 최악의 상황을 피할 수 있었습니다.

이것은 생명의 문제입니다. 깨닫고 분별하는 지식이 있어야 나도 살고, 다른 사람도 살릴 수 있습니다. 무지 자체는 죄가 아닐지라도, 그 결과는 참혹할 수 있음을 알아야 합니다.

아무쪼록 이 책을 통해서 조금이라도 자극을 받으셨다면, 네이버 블로그 〈이 세대가 가기 전에〉에 제가 거의 매일같이 올려놓는

글들을 보고 말씀을 읽으시면서 성경의 예언들이 실현되는 시대의 징조들을 하루빨리 깨달을 수 있으시기를 바랍니다. 우리에게 주어진 시간이 정말 별로 없습니다. 죄인으로서 청지기로서, 회개하고 사랑하고 순종하기에도 시간이 턱없이 모자랍니다. 누구와 시시비비할 시간이 없습니다. 마음이 아주 급합니다. 영혼에 대한 안타까움 때문입니다. 더는 세상과 땅의 것을 사모해서 바닥을 내려다보지 마십시오. 세상에 미련을 갖는 순간, 롯의 아내처럼 소금기둥이 되어 한 발자국도 하나님 나라를 향해 나아갈 수 없습니다. 가던 길에서 돌이켜 이제는 머리를 들어 하늘을 바라볼 때입니다. 구원의 날이 당신 앞에 아주 가까이 다가오고 있기 때문입니다. 당신을 사랑하시는 주님이 이 책을 통해 부디 당신의 영혼을 깨우시기를 소망하며 양을 사랑하는 목자의 심장으로 그저 눈물로 애통하며 기도합니다.

마지막 시대 예레미야의 외침 시리즈

마지막 시대 예레미야의 외침 시리즈 ②

요한계시록에 나타난 성경의 예언들

방월석 지음/신국판/336쪽/14,000원

다시 오실 주님의 이야기, 이 시대의 대서사시 요한계시록!

종말의 시대에 우리를 향하신 하나님의 구원과 심판 이야기!

그리고 그 안에 나타난 성경의 예언들….

선지자 예레미야의 심정으로 마지막 때를 외치는

마지막 때의 예레미야 방월석 목사.

20011년 문을 연 그의 네이버 블로그 〈이 세대가 가기 전에〉의

조회 수는 현재 약 500만!

"왜 인천의 한 작은 교회 목회자에 지나지 않는 그의 블로그를

사람들은 주목하는가?!

그동안 한국교회 안에서 난해하거나 듣기 싫어 한다는 이유로

비밀처럼 굳게 닫혀 있던 감추어진 요한계시록,

그 풀리지 않고 어렵기만 하던 성경이

『요한계시록에 나타난 성경의 예언들』을 통해 명쾌하게 열린다!

우리가 읽는 성경은 신화나 전설이 아니라,

인류 구원의 역사이다!

일곱 인 재앙을 시작으로,

일곱 나팔 재앙, 일곱 대접 재앙이라는

7년 대환난의 엄청난 소용돌이 속으로

남은 자들은 빠지게 될 것이라고

요한계시록은 분명히 말하고 있다.

크리스천으로서 당신은

이러한 사실을 모두 '정확하게' 알고 있는가?

그리고 당신은 죽음 이후,

고통도 슬픔도 질병도 없는 천국으로 가게 될 것인가?

아니면, 뜨거운 불 못에서

영원한 형벌을 받는 지옥으로 가게 될 것인가?

당신을 향한 하나님의 계획은 과연 무엇일까?

아직 당신의 자녀가, 남편과 아내가, 애인이, 부모님이, 친구가, 친척이 주님을 만나지 못했습니까? 교회는 다녀도 예수님을 모르십니까? 당신과 이 세상을 향한 하나님의 뜻과 계획이 무엇인지 모르십니까? 이제 더는 미룰 시간이 없습니다. 세상천지에서 일어나는 이 끔찍한 일들을 보면서도 당신은 침묵할 수 있습니까? 종말이 아니라고 말할 수 있습니까? 계시록은 당신을 향한 하나님의 구원 계획입니다. 오늘, 두렵고 떨림으로 당신의 구원을 이루십시오. 이 책에 그 복스러운 소망을 담았습니다. 당신은 주변의 영혼들에게 이 책을 전하기만 하십시오. 그 다음 일은 하나님이 하실 것입니다.